15 di

ISABEL DE L

Director de la colección
José Damián Gaitán, o.c.d.

Jean Rémy

15 días con
ISABEL DE LA TRINIDAD

Ciudad Nueva

Madrid - Bogotá - Buenos Aires - México - Montevideo - Santiago

Título original:
Prier 15 jours avec Élisabeth de la Trinité

Domaine d'Arny
91680 Bruyères-le-Châtel
www.nouvellecite.fr

Traducción:
Ana Hidalgo

Maquetación y diseño gráfico:
Antonio Santos

José Picón, 28 - 28028 Madrid
www.ciudadnueva.com

ISBN: 84-9715-101-1
Depósito legal: M-43.896-2006

Impreso en España - Printed in Spain

Imprime: Artes Gráficas Cuesta - Madrid

SIGLAS

Isabel de la Trinidad:

CF	*Le Ciel dans la foi* (El cielo en la fe)
DR	*Dernière retraite* (Últimos ejercicios)
GV	*La Grandeur de notre vocation* (Grandeza de nuestra vocación)
J	*Journal* (Diario)
L	*Lettres* (Cartas)
NI	*Notes intimes* (Notas íntimas)
P	*Poésies* (Poesías)

Otros autores:

CE	Juan de la Cruz, *Cántico espiritual*
CP	Teresa de Jesús, *Camino de perfección*
V	Teresa de Jesús, *Vida*

INTRODUCCIÓN

Isabel de la Trinidad:

«Un testigo resplandeciente de la alegría de estar arraigados en el amor» (Juan Pablo II).

¿Conoces a Isabel de la Trinidad? ¿Un poco, mucho o nada de nada?

Yo nunca había oído hablar de ella cuando, en 1983, irrumpió en mi vida.

Siendo sacerdote de la diócesis de Cambrai y estando completamente inmerso en la vida parroquial de una zona minera del Norte de Francia, Condé-sur-Escaut, tenía que partir como sacerdote *Fidei Donum* a Alto Volta... Me habían asignado a Oury, una pequeña parroquia de 100 km de largo por 50 km de ancho, 25 pueblos, 3 dialectos, ni agua ni electricidad (¡ya ha cambiado!), muchos mosquitos y un solo sacerdote... En el momento de tomar el avión para Ouagadougou sufrí una crisis cardíaca, una trombosis arterial ocular. Los médicos no sólo me prohibieron ir a África, sino que me instaron a cesar toda actividad. Mi corazón no se podía operar. La única solución era reposo en calma y silencio.

Cambio total de perspectiva: en lugar de África, me encuentro completamente solo en el presbiterio secularizado de una pequeña parroquia rural de la que ni siquiera soy párroco. Siento que voy a caer en una depresión... ¡Pues resulta que no! Esta prueba marcará el gran giro de mi vida: me dará a conocer a mi amiga Isabel de la Trinidad.

Así fue la cosa:

Antes de llegar a Cagnoncles para esperar allí tranquilamente una muerte programada, me entraron ganas de pasar un día en una casa de religiosas para reflexionar y rezar, así que me fui a la casa de las agustinas hospitalarias de Saint-Armand-les-Eaux. Antes de seguir mi camino decidí hacer una última hora de oración en su oratorio, y al salir de la capilla encontré en un banco un montón de revistas, y la primera de ellas era *Prier* (orar).

Con el deseo de descansar antes de subirme al coche, me arrellané en el sillón de mi habitación, abrí la revista y me encontré con esta oración: *Oh Dios mío, Trinidad a quien adoro*. La leí de un tirón y comprendí de repente que no estaba mal irme a África para desvivirme como lo había hecho durante 30 años en la parroquia. Estaba bien, pero lo que se me pedía ahora era vivir la oración, pasar de una vida marcada por un activismo furioso a una auténtica vida contemplativa, *inmóvil y serena, como si mi alma estuviera ya en la eternidad.*

Esta oración estaba firmada por Isabel de la Trinidad. No tenía ni idea de quién era esta religiosa, pero comprendí de golpe que acababa de indicarme el nuevo programa de mi vida. En medio del silencio, la inactividad y la soledad de este presbiterio, iba a comenzar una vida nueva, iba a convertirme en «carmelita», como ella.

Ya en los primeros días de mi nueva vida procuré conocer a mi nueva amiga. Inmediatamente me sumergí en sus *Obras completas*, que acababa de editar y comentar mi amigo el padre Conrad de Meester. Me sentí deslumbrado. Tuve la impresión de que todo lo que Isabel había vivido y todo lo que había escrito me afectaba directamente, que estaba replanteando toda mi educación cristiana y rectificando toda mi vida pastoral.

Durante 3 años no hice otra cosa que descansar, rezar y estudiar a Isabel de la Trinidad. Entusiasmado por mis descubrimientos, se me ocurrió compartirlos escribiendo un libro: *Lo que creía Isabel de la Trinidad*, y luego otro: *Guite, la hermana de Isabel de la Trinidad*, y un tercero: *Miradas de amor - Isabel de la Trinidad y Juan de la Cruz*[1]. A partir de ahí recibí numerosas cartas y sobre todo invitaciones a dar con-

[1] Traducción de los títulos originales franceses, pues son libros sin publicar en España. [NdT]

ferencias, retiros espirituales... Mi salud se había restablecido: fue un milagro de Isabel de la Trinidad, y pude ponerme de nuevo al servicio de mi diócesis, primero como animador diocesano del servicio de cooperación misionera, luego como capellán diocesano de los equipos del Rosario, y por último, como redactor jefe del boletín diocesano de Cambrai... Hace poco dimití de estas responsabilidades debido a graves problemas de salud. Ayudo todo lo que puedo en el plan pastoral y sigo predicando numerosos retiros en Francia y en el extranjero... y también escribiendo libros, como éste.

ISABEL DE LA TRINIDAD, ¿QUIÉN ERES? (1880-1906)

Isabel Catez nació el domingo 18 de julio de 1880 en el campamento militar de Avor, cerca de Bourges. Su padre, originario del Norte, era capitán. Procedía de una familia muy pobre, y salió adelante en la vida a fuerza de valor y optimismo. Su madre, Marie Rolland, nació en Lunéville (Meurthe-et-Moselle). Isabel fue la primogénita. Tuvieron otra hija, Marguerite, a la que llamaban «Guite». Desde 1882, toda la familia vive en Dijon. El 2 de octubre de 1887 muere brutalmente el señor Catez, y esta muerte marcará profundamente a la pequeña Sabeth. ¡Tenía 7 años! En 1891 Isabel hace la primera comunión.

Hacia los 14 años, después de comulgar, se siente irresistiblemente impulsada a dedicar a Dios toda su vida, y pronuncia un voto de virginidad perpetua. Un poco más tarde, el proyecto de vida religiosa que tenía desde hacía años se le precisa en una palabra que oye en lo más hondo del corazón: «Carmelo».

Pero nada de ello le impide ser una niña y una joven como todas las demás. Es vivaz, impulsiva, incluso desbocada, como dice su hermana. En particular es capaz de tener auténticos accesos de ira. A los 14 años dice de sí misma: *Soy alegre y un poco alocada. Tengo buen corazón. Soy coqueta por naturaleza. Sin ser un modelo de paciencia, en general sé contenerme. No tengo rencor*. Y más tarde añade: *El buen Dios me ha dado un corazón tierno y fiel, y cuando amo, no es sólo un poco* (L 55).

Siendo muy joven, asiste al conservatorio de música de Dijon, y el 25 de julio de 1894 obtiene el primer premio de piano, a los 13 años.

Durante toda su juventud lleva una vida mundana y participa en numerosas fiestas, en las que despierta mucho interés por su belleza. También viaja mucho. Pero en medio de esta vida está en juego lo esencial, tanto en su vida como en el mundo: el amor misterioso que lo transforma todo:

> *¡Que mi esperanza se base sólo en Jesús*
> *y que, viviendo en medio del mundo,*
> *no aspire ni vea otra cosa que a Él,*
> *a Él, mi Amor, mi divino Amigo!* (P 54).

A pesar de que la madre de Isabel es muy reticente a su posible entrada en el Carmelo, el 26 de marzo de 1899 consiente en dejarla ir al cumplir la mayoría de edad, dos años más tarde. Ella escribe en su diario:

Que viva en el mundo sin ser del mundo: puedo ser carmelita en mi interior, y quiero serlo... ¡Ah, que desaparezca Isabel y quede sólo su Jesús! (NI 6).

Todo ello se concreta también por medio de su apostolado en la parroquia de Dijon: en el círculo para los hijos de los obreros de la fábrica de tabaco; en la catequesis para niños que se preparan a la Primera Comunión, en las visitas a padres y a enfermos, en el coro parroquial... Los últimos meses antes de entrar en el Carmelo son tremendos. Le escribe al canónigo Angles: *Estos últimos meses son una agonía. Pobre mamá, ¡rece por ella!* Y a Alice Chervau: *Mi corazón está ensangrentado y mi cuerpo está roto. Dios está ahí y me sostiene.*

El 2 de agosto de 1901, la mañana de su entrada, le escribe al canónigo Angles, el primer confidente de su vocación:

Vamos a comulgar en la misa de 8 y, después de ello, cuando Él esté en mi corazón, Mamá me llevará a la puerta de la clausura. Quiero a mi madre como nunca la había querido, y, en el momento de consumar el sacrificio que me va a separar de estas dos queridas criaturas, que eligió para mí tan buenas, ¡si supiera qué paz inunda mi alma! Ya no es la tierra; siento que soy toda suya, que no me quedo con nada, que me lanzo en sus brazos como un niño pequeño (L 81).

Nada más entrar en el Carmelo, el 2 de agosto de 1901, Isabel dirige gran cantidad de cartas a su madre, a su hermana y a sus amigas para expresarles su entusiasmo. Pero también sabemos por confidencias de la madre Germana, su priora, que la etapa del noviciado fue muy difícil: le costaba rezar, no sentía nada, estaba llena de escrúpulos... Por pura fe, después de horas de gran turbación, hace su profesión el 11 de enero de 1903, día de la Epifanía. Le quedan cinco años de vida en el carmelo, en los que podremos descubrir su evolución y admirar la obra de Dios en ella gracias a las 263 cartas que envía a su familia, a su madre, a su hermana Guite, a sus amigas –que tienen su edad o la de su madre–, a sus hermanas religiosas y también a varios sacerdotes.

Muy pronto, después de los votos perpetuos, la paz vuelve a su alma... Le escribe al canónigo Angles: *Comprendí que mi cielo comenzaba en la tierra, el cielo en la fe, con el sufrimiento y la inmolación por Aquel que amo* (L 169). El 21 de noviembre de 1904 escribe su célebre oración: *Oh, Dios mío, Trinidad a quien adoro*.

Vive en el resplandor de Teresa de Lisieux, descubre a san Juan de la Cruz, se sumerge en san Pablo... Y todo ello en medio de la tensión que resulta del conflicto entre Iglesia y Estado. En noviembre de 1904 es presentada la ley de separación y se inicia un drama de grandes proporciones.

A partir de la primavera de 1905, la salud de Isabel comienza a degradarse, y se le conceden ciertas excepciones en la observancia de la regla. En marzo de 1906 ingresa en la enfermería. El 8 de abril recibe la extremaunción. El viernes santo creen que va a morir, pero experimenta una ligera mejoría. Es la época en que compone *El cielo en la fe*, *Grandeza de nuestra vocación*, *Últimos ejercicios* y *Déjate amar*. A raíz de una tuberculosis, Isabel se ve aquejada por la enfermedad de Addison, una afección de las glándulas suprarrenales que acarrea todo tipo de molestias tremendamente dolorosas. Ya sólo puede alimentarse de helado, leche y queso. El día de Todos los Santos comulga por última vez. Temen que muera en cualquier momento. Unos días más tarde pronuncia sus últimas palabras: *Voy a la luz, al amor, a la vida*.

El 9 de noviembre de 1906 entra en la Vida...

A partir de esta fecha, el mensaje espiritual de Isabel de la Trinidad comienza a extenderse, primero por la nota necrológica enviada a todos los monasterios de carmelitas, pero sobre todo por la aparición de un libro editado por el carmelo de Dijon: *Sor Isabel de la Trinidad, religiosa carmelita - 1880-1906 - Recuerdos*, que superará los 100.000 ejemplares entre 1909 y 1956. En 1939 se había publicado *La doctrina espiritual de Isabel de la Trinidad*, del padre Philipon, que tuvo también un éxito extraordinario.

Durante estos 15 días te propongo acoger, meditar y orar con su mensaje, pero para vivirlo mejor... Dice, a grandes rasgos:

¡Si pudiésemos tan sólo comprender esta pasión de amor de su Corazón...! (L 44).

Así es como se explica toda la vida de Isabel y se resume su mensaje. Todo lo que dice es para ella, para ti y para mí. Dios nos ama: ¡es formidable creer en ello! Isabel descubre de tres modos el amor de Dios por nosotros y por todos los hombres:

– *Jesús, nuestro amor crucificado*: un día, ella toma su crucifijo y lo mira intensamente. Se queda boquiabierta y comprende la célebre frase de san Pablo: «Me amó y se entregó a sí mismo por mí» (Ga 2, 20). Verdaderamente, ahora está segura de ello: «Nadie tiene mayor amor que el que da su vida por sus amigos» (Jn 15, 13).

– *Jesús, presente en nosotros*: «Tú que buscas al buen Dios en las nubes...», cantaba el padre Duval. Isabel lo encuentra *dentro* de ella, pues Jesús prometió: «Si alguno me ama... mi Padre lo amará, y vendremos a él y haremos morada en él» (Jn 14, 23). *Él está en mí y yo estoy en Él. No tengo más que amarlo, que dejarme amar, y así todo el tiempo, en todas las cosas* (L 177). Isabel es la santa de la intimidad.

– *Jesús, vivo en la Eucaristía*: para ella, la misa es la unión, la comunión, la transformación con Aquel que prometió: «El que come mi carne y bebe mi sangre, permanece en mí y yo en él»

(Jn 6, 56). Está extasiada ante esta manifestación del amor de Dios por nosotros, y escribe: *Me parece que nada como la Eucaristía expresa mejor el amor que hay en el corazón de Dios* (L 165).

Es en la oración donde encuentra a este Jesús vivo, resucitado: «Cuando vayas a orar, entra en tu aposento y, después de cerrar la puerta, ora a tu Padre, que está allí, en lo secreto» (Mt 6, 6), pide Cristo. Isabel se lo toma al pie de la letra y lo hace todos los días. A una de sus amigas, a la que llama familiarmente *Frambuesita*, le dice: *La oración es un descanso. Nos acercamos a Él como a un amigo. Dejamos vagar el corazón como un niño pequeño en brazos de su madre* (L 123). Pero se cuida de advertir: *No es sentimiento ni imaginación, sino pura fe* (L 236).

Lo encuentra en su vida: «No todo el que me diga "Señor, Señor" entrará en el Reino de los Cielos, sino el que haga la voluntad de mi Padre celestial» (Mt 7, 21). Dicho de otro modo, no sólo hay que rezar e ir a misa, sino también hacer concretamente lo que Dios nos pide, aunque no siempre sea fácil. A una amiga le escribe: *Comamos con amor este pan de la voluntad de Dios...* (CF 30).

Lo encuentra para darlo a los demás. Ella no reza ni hace lo que Dios le pide ni trata de ser «otro Cristo» para ella misma, sino ante todo para mostrar a todos con su comportamiento cotidiano que es formidable tener fe y que ello transforma toda la vida. Quiere compartir la buena nueva del Evangelio con todos los que encuentra. Quiere salvar el mundo, quiere *dar Dios a los hombres y los hombres a Dios*. Y utiliza esta hermosa fórmula: *Un alma unida a Jesús es una sonrisa abierta que lo irradia y lo dona* (L 252).

Juan Pablo II beatificó a Isabel de Dijon el 25 de noviembre de 1984. En aquella ocasión quiso poner como modelo para los cristianos de hoy, jóvenes y adultos, a esta joven carmelita: «Hoy nos atrevemos a presentar al mundo a esta religiosa de clausura que llevó una "vida oculta con Cristo en Dios" (*Col* 3, 3) pues es un testigo resplandeciente de la alegría de estar arraigados y cimentados en el amor (cf. *Ef* 3, 17). Ella celebra el esplendor de Dios, pues se sabe *habitada* en lo más íntimo *por la presencia del Padre, del Hijo y del Espíritu*, en la cual reconoce la realidad del amor infinitamente vivo».

Isabel Catez, sor Isabel de la Trinidad, encontró el secreto de la felicidad, nos lo comunica y nos invita a vivir de él: *Qué felices somos cuando vivimos en la intimidad del buen Dios, cuando hacemos de nuestra vida un diálogo de corazón a corazón, un intercambio de amor, cuando sabemos encontrar al Maestro en el fondo del alma... ¡Qué bueno es unir, identificar nuestra voluntad con la suya! ¡Entonces somos siempre felices, siempre estamos contentos!* (L 44).

Antes de comenzar la lectura de este libro, te invito a mirar el índice, en el que descubrirás el itinerario que te propongo recorrer.

VIVIR EL MISTERIO DE LA FE

Sólo la fe puede darnos verdadera luz sobre aquel que amamos, y nuestra alma debe escogerla como medio para llegar a la unión bienaventurada (CF 19).

Es a la vez evidente y misterioso: para pasar quince días con Isabel de la Trinidad hay que tener fe. Vale, muy bien, pero ¿qué es la fe? Y más en concreto, ¿por qué yo tengo fe y tú no la tienes? Estas preguntas han recorrido toda la historia de la Iglesia, y es oportuno preguntarse cómo responde a ello Isabel de la Trinidad, la cual dedicó el sexto día de sus «ejercicios espirituales» de agosto de 1906, titulados precisamente *El Cielo en la fe*, a expresar «el misterio de la fe». *Sólo la fe nos da, ya en esta vida, a Dios mismo, aunque revestido del velo con el que lo cubre*. Puesto que tengo fe, puesto que tengo la suerte de tener fe, puedo encontrar a Dios, entrar en contacto con Él, conocerlo, amarlo, escucharlo, mirarlo, acogerlo ¡y no sé qué más! A Dios Padre, Hijo y Espíritu Santo. Este encuentro con Dios no es cosa evidente. A Dios lo encuentro aquí abajo revestido con el velo de la fe, a la espera de verlo un día cara a cara en el cielo.

Para Isabel, la fe es un faro. La fe es un fuego. La fe es un combate.

La fe es un faro

He aquí que se me presenta la fe, la hermosa luz de fe. Sólo ella debe iluminarme para ir al encuentro del esposo (DR 10).

Cuando el faro está apagado no vemos nada. Cuando peina con su haz luminoso la inmensidad del mar, empezamos a ver de nuevo lo que pasa. Podemos llevar a nuestros amigos al museo más bello del mundo, pero sólo apreciarán todas sus maravillas si la sala está iluminada. Si está en la oscuridad, por mucho que les digamos todo lo que hay, no podrán apreciar nada. Ésta es la maravilla ante la cual Isabel es tan sensible. Dios no sólo se nos quiere revelar, sino que nos da la luz para que lo veamos. Y esta luz es la fe. ¡Qué suerte tenemos de tener fe, de saber lo que sabemos y de vivir lo que vivimos: «El que me siga no caminará en la oscuridad, sino que tendrá la luz de la vida» (Jn 8, 12). La fe es el faro que lo ilumina todo. Y es un don de Dios, el regalo maravilloso que Dios ha querido hacernos para que seamos capaces de conocerlo y de amarlo. ¡Es un regalo que yo no he merecido! ¡Es un regalo! ¿Por qué he nacido yo en una familia cristiana? ¿Por qué me he ido encontrando en mi camino a tantas personas que me han ayudado a profundizar en mi fe? ¿Por qué he vivido los acontecimientos que han marcado mi existencia y le han dado todo su sentido? Lo sé, lo siento, lo creo porque Dios ha tomado la iniciativa de amarme, porque ha querido colmarme de ese don maravilloso que es la fe.

De acuerdo, pero ¿por qué yo y no ellos? No lo sé. La propia Isabel se lo pregunta: *¿Por qué me ha amado tanto?*, pero sabe también que Dios ama a todos los hombres y que no sólo se salvarán los que tienen fe y la viven. Cada cual será juzgado por el modo como haya tratado de vivir según su conciencia, según su religión –aunque sea diferente de la nuestra–, por como haya tratado de vivir los valores humanos de la honestidad y la solidaridad (a falta de los valores evangélicos, que no podía conocer puesto que nadie le había hablado de ellos).

Sí, la fe es un regalo de Dios; la fe es luz en las tinieblas; la fe es, tanto para Isabel como para nosotros, la fuente de la alegría verdadera: *Creo que la carmelita saca efectivamente toda su felicidad de esta fuente divina: la fe*.

La fe es un fuego

Para que un fuego arda, ilumine y caliente, hay que preocuparse de él. Isabel nos pide que hagamos lo mismo con nuestra fe. La fe hay que protegerla, fortalecerla, alimentarla. Isabel afirma, y es todo un programa: *Vivamos con Dios como con un amigo; hagamos viva nuestra fe para entrar en comunión con Él a través de todo...* (L 122).

Con su vida y sus escritos, Isabel nos enseña cómo ha procurado hacer viva su fe. De joven, en su parroquia de Saint-Michel de Dijon, llevaba el patronato para los hijos de los obreros de la fábrica de tabaco, la catequesis para los niños que se preparaban para la Primera Comunión; visitaba a sus padres, participaba en el coro parroquial... Pero para que su apostolado fuera fecundo, se formaba en retiros predicados por los dominicos y seguía muy regularmente los «ejercicios de la misión parroquial», predicados por los padres redentoristas. Y para sacar buen provecho de ello, al volver de la iglesia anotaba en un diario íntimo lo que más le había interesado.

Sabemos también cuáles fueron sus otras preferencias en el Carmelo: Teresa del Niño Jesús, Teresa de Jesús, san Juan de la Cruz, Ruysbroek el Admirable, Angela de Foligno... sobre cuyos escritos reflexionó, y transmitió a los destinatarios de sus cartas lo que descubrió de ellos.

Isabel estudió con entusiasmo a san Pablo y a san Juan, a los que cita abundantemente y sobre los que medita en el silencio de su celda. Ora y contempla en el silencio de su oración. Al leer sus *Obras completas* podemos incluso descubrir cómo entró progresivamente en el misterio de

Dios. Para ella, igual que para nosotros, el misterio no es algo absurdo o irracional que hay que aceptar sin comprenderlo, con la fe del carbonero; ¡al contrario!, es una realidad tan rica y tan bella, que nunca terminaremos de descubrir su inagotable esplendor. *¡Alimenta tu alma con las grandes verdades de la fe, que le revelan toda su riqueza y el fin para el cual la ha creado Dios! Es tan hermosa la verdad, la verdad del amor: «me amó y se entregó a sí mismo por mí»* (GV 11), le escribió a su amiga Françoise.

Un fuego hay que alimentarlo, porque está hecho para expandirse e irradiar su luz y su calor.

Lo mismo ocurre con la fe. No se puede guardar para uno mismo, hay que compartirla... Isabel es un buen ejemplo. Para convencerse de ello, basta con leer las cartas que envía, antes y después de entrar en el Carmelo, a sus sesenta y dos destinatarios conocidos: miembros de sus familia, sacerdotes, religiosas, pero sobre todo personas comprometidas en la vida del mundo... Expresa lo que vive, lo que quisiera vivir, y más aún, lo que desea para su familia y sus amigos.

¡Su fe es un fuego que quiere propagarse!

La fe es un combate

Isabel nos lo dice y nos lo repite de todas las maneras. Vivir de la fe, vivir en la fe, vivir para la fe supone un gran valor y una auténtica tenacidad. Hay que luchar para conservar, fortalecer y ahondar la fe. Jesús decía: «El Reino de los Cielos sufre violencia, y los violentos lo arrebatan» (Mt 11, 12).

En medio de todas las noches, de todo vacío y de toda mi ineptitud... ¡Isabel sabe de qué está hablando!

Antes de entrar en el Carmelo, en mayo de 1901, le escribe a su amiga Marguerite Collot: *¡Reza mucho por mí! A mí también me lo oculta* [a Dios] *no ya un velo, sino un muro. Es muy duro, ¿verdad? Vayamos a Él por pura fe* (L 53). Sus dificultades son grandes, pero ella resiste: *¡Oh! No tenerlo más que a Él siempre; incluso cuando esta mano llena de amor parece hacer sangrar el corazón, incluso cuando Él se oculta, lo único que buscamos* (L 44). Todos pasamos por ahí. ¡Hay días en que lo que creemos nos parece tan inverosímil, imposible, endeble!... Pero Isabel insiste: *Los pensamientos de Dios son profundos y no son nuestros pensamientos; sepamos esperar su hora y ensanchemos nuestra fe, si fuera posible, a la medida de su amor* (L 296).

Esto es la fe para nuestra amiga Isabel. Reflexionando sobre lo que acaba de recordarnos, podemos elevar a Dios una triple oración: para empezar, una oración de acción de gracias: «Gracias, Señor, por haberme hecho este regalo maravilloso: la fe, que me permite conocerte y amarte, cuando tantos de mis contemporáneos ya no saben dónde agarrarse». Oración de petición, repitiendo las palabras del ciego: «Señor, creo; aumenta mi fe». Y por último, oración de confianza: «Señor, quiero vivir y morir en esta luz de fe que le da auténtico sentido a mi existencia».

segundo día

VIVIR EL MISTERIO DE LA TRINIDAD

Quisiera sepultarme, por así decir, en el fondo de mi alma a fin de perderme en la Trinidad que vive en ella, para transformarme en ella. Entonces seré de verdad Isabel de la Trinidad (L 185).

Dios, cuatro letras, una sílaba, una palabra. ¡Dios! Cuando leemos esta palabra ¿qué evoca en nosotros? O, si lo preferimos, ¿quién es Dios para nosotros?

He tenido muchas respuestas a estas preguntas esenciales. Me han dicho: Dios es una fuerza que sostiene el universo, un mito que resume las aspiraciones secretas de los hombres, una explicación fácil para todos los problemas, etc. Pero muchas veces me han dicho también: Dios es Alguien en el que creo, Alguien a quien le rezo, Alguien que me protege, Alguien que me ama, Alguien... Muy bien, es verdad, pero ¿no habría que llegar más allá? Pues eso es lo que hace para nosotros Isabel de la Trinidad. Ella ha oído a Jesús decirle: «Nadie ha visto nunca a Dios; es su Hijo el que vino a revelárnoslo». ¿Qué dijo Jesús? Dios no está solo, solitario, monolítico. Es familia. Es comunión. Es amor porque son tres: Padre, Hijo y Espíritu Santo. El Dios de Isabel de la Trinidad no es el mismo que el de los filósofos y los sabios. No tiene nada que ver, me atrevería a decir. Su Dios es el Dios de los cristianos. Es el Dios de Jesucristo, el Dios uno y trino: *Oh, Dios mío, Trinidad a quien adoro.*

Soy Isabel de la Trinidad

Isabel Catez entró en el carmelo de Dijon en 1901 y murió allí cinco años más tarde, a los 26 años, el 9 de noviembre de 1906. Al principio quería llamarse «Isabel de Jesús», pero su priora le pidió que adoptase mejor el nombre de «Isabel de la Trinidad».

El 25 de mayo de 1902, en la fiesta de la Trinidad, escribió a Guite, su hermana (que se quedaría viuda a los 42 años, en 1925, con nueve hijos a su cargo, y transmitió con toda su vida el mensaje de Isabel): *Esta fiesta de los Tres es mi fiesta. Para mí no hay otra parecida. Es una fiesta de silencio y de adoración. Nunca había entendido tan bien el misterio y toda la vocación que hay en mi nombre* (L 113).

Isabel no escribió ningún tratado teológico sobre el misterio de la Trinidad. Se contentaba

–por decirlo así– con vivir de ella y compartir sus descubrimientos con su familia y sus amigos... *Amo tanto este misterio de la Santísima Trinidad, es un abismo en el que me pierdo* (L 62).

Él está en mí, yo estoy en Él

Isabel no deja de extasiarse ante el misterio de la formidable proximidad de Dios en esta doble presencia: de Dios en lo más íntimo de nuestro corazón y, al mismo tiempo, de todo nuestro ser en el interior mismo de este Dios «uno y trino».

Toda la Trinidad reposa en nosotros... Que sea nuestra clausura, que nuestra vida transcurra allí, también la mía. Soy Isabel de la Trinidad, es decir, Isabel que desaparece, que se pierde, que se deja invadir por los Tres (L 172).

La Trinidad está en mí. «Si alguno me ama, mi Padre lo amará, y vendremos a él y haremos morada en él» (Jn 14, 23). Esto quiere decir que los tres me arrastran en el dinamismo de su amor trinitario. El Hijo, mediante el Espíritu, me lleva al Padre, que engendra en mí al Verbo mediante el Espíritu.

Estoy en la Trinidad, lo cual quiere decir que el Padre, el Hijo y el Espíritu me hacen partícipe de su vida divina. *Quiero sepultarme, por así decir, en el fondo de mi alma* –escribe Isabel al párroco Chevignard– *a fin de perderme en la Trini-*

dad que habita en ella, para transformarme en Ella (L 185).

Mis Tres, mi Todo

Las tres Personas divinas manifiestan, cada una de un modo particular, el amor que hay en Dios. «Dios es amor» (1 Jn 4, 8): el Padre me ama como un padre porque es el Padre; el Hijo me ama como un hermano porque es el Hijo de nuestro Padre que está en el cielo y vino a compartir nuestra vida de hombre; el Espíritu me ama porque es el vínculo entre el Padre y el Hijo y quiere, con el Hijo, llevarme hasta el Padre. Ya que el Padre, el Hijo y el Espíritu me aman, debo procurar, en Cristo Jesús, establecer con cada uno de ellos una relación recíproca y personal. No amo al Padre como amo a su Hijo, ni amo al Padre y al Hijo como amo al Espíritu. «Amo» quiere decir que me dejo amar en Cristo y respondo como puedo al amor del Padre, del Hijo y del Espíritu, pero de un modo diferente con cada uno de ellos.

Aquí también nos dice Isabel cómo hay que hacer. Te propongo que vuelvas a leer su oración. Puesto que ha venido a nosotros, puesto que es el único camino que nos lleva dentro de la Trinidad, se dirige primero a Jesús, a Jesús hombre, a Jesús crucificado: *Oh mi amado Cristo, crucificado por amor*. A continuación se dirige al Verbo: *Oh Verbo eterno, palabra de mi Dios*. El Verbo y el Crucificado son la misma Persona, pero en dos estados diferentes: el Verbo, en el misterio del amor trinitario; Cristo, en el misterio de la redención. Pero el Verbo está en la cruz y Cristo está en la Trinidad. Luego se dirige al Espíritu: *Oh fuego que consume, Espíritu de amor*. Por último, al Padre: *Y tú, oh Padre, inclínate sobre tu pobre criatura*.

Para Isabel, Dios es el Padre, el Hijo y el Espíritu en la unidad de amor de los tres. En su *Oración* dice: *Mis Tres, mi Todo*, para subrayar a la vez la diversidad de las Personas y la unidad de Dios. Y en sus *Últimos ejercicios*, n. 43, afirma: *Así entiendo yo el pertenecer a la casa de Dios: viviendo en el seno de la apacible Trinidad en mi abismo interior*. Hay que darle al término «viviendo» toda su fuerza: *Igual que yo vivo de mi Padre, decía Jesús, el que me come vivirá de mí*. No hay vida divina ni vida trinitaria más que «con Él, de Él y por Él». Isabel lo sabe bien: *Él es mi infinito, en Él amo, soy amado y lo tengo todo* (L 117).

Ante este misterio inefable, la primera actitud de Isabel es la adoración: *La adoración es una palabra del cielo. Me parece que es el éxtasis del Amor. Es el Amor dominado por la belleza, la fortaleza, la grandeza inmensa del objeto amado [...]. Sí, es la más bella alabanza, pues es la que se canta eternamente en el seno de la apacible Trinidad* (DR 21).

Su segunda actitud es la entrega total de sí misma al Padre, al Hijo y al Espíritu Santo: *Me entrego a ti...* es el culmen de su oración, el verso en el que todo converge. Tres veces ha dicho «quisiera»; una vez «te pido»; tres veces «quiero»; ahora pasa al acto: *Me entrego a ti como víctima - He aquí toda mi ambición: ser víctima del Amor* (L 164).

Ven a mí como Adorador, como Reparador y como Salvador, pide Isabel en su *Oración*. Jesús ha sido todo eso al mismo tiempo y en el mismo gesto, y la carmelita debe serlo también. Isabel quiere *ser transformada en Jesucristo*. En su *Oración* desea que su vida no sea ya más que un *resplandor de su Vida*. Quiere ser para Él *una humanidad adicional en la que Él pueda renovar todo su misterio*. Jesús se volvió completamente hacia su Padre por el Espíritu –«Amo al Padre y hago todo lo que le gusta»– y al mismo tiempo se volvió completamente hacia los hombres que vino a salvar... Isabel, como cada uno de nosotros, quiere ser –por Él, con Él y en Él en unidad con el Espíritu Santo– sólo para gloria de Dios y para la salvación del mundo.

Isabel de la Trinidad acaba de decirnos lo que es para ella este misterio esencial, este misterio fundamental... Procuremos ahora dejarnos invadir por este Misterio del Dios que es todo amor porque es Padre, Hijo y Espíritu Santo.

Para ello hay un modelo muy sencillo: hacer en nosotros la señal de la cruz. Lo hacemos tan a menudo, que precisamente por eso nos exponemos a no hacerlo bien, a hacerlo demasiado deprisa, incompleto, sin pensar, sin cariño… Voy a hacer esta bendita señal y a decir al mismo tiempo, despacio: «En el nombre del Padre, del Hijo y del Espíritu Santo». Así evoco la Santísima Trinidad, el primero de todos los misterios que se proponen a nuestra fe cristiana. Recuerdo su presencia en lo hondo de mi corazón y es lo que manifiesto por fuera mediante la señal de la cruz. El Padre está ahí, el Hijo está ahí, y necesariamente también el Espíritu de amor que brota del uno y del otro unidos. Es un acto de fe, un acto de adoración, un acto de amor…

Pidámosle a Isabel de la Trinidad que nos ayude a hacer, como ella hacía tan perfectamente, la señal de la cruz… en el nombre del Padre, del Hijo y del Espíritu Santo.

VIVIR EL MISTERIO DE JESUCRISTO

Él es mi infinito. En Él amo, soy amada y lo tengo todo (L 117).

«Hoy nos atrevemos a presentar al mundo a esta religiosa de clausura che llevó una "vida oculta con Jesucristo", pues es un testigo luminoso de la alegría de estar arraigados y cimentados en el amor».

El papa Juan Pablo II pronunció estas palabras en la beatificación de Isabel Catez, el 25 de noviembre de 1984 en la basílica de San Pedro. Propuso a Isabel de la Trinidad como guía y modelo para todos los cristianos, pero también «a nuestra humanidad desorientada que ya no sabe encontrar a Dios o que lo desfigura», por usar los mismos términos que el Santo Padre.

Siempre hay que volver a lo esencial de nuestra fe, al que es «la fuente y el fin de nuestra vida»: Jesucristo.

«Y vosotros, ¿quién decís que soy yo?». Es la cuestión esencial. «Señor mío y Dios mío. Mi

Dios y mi todo», exclama Francisco de Asís. «Jesús, tan buen amigo, tan buen capitán», afirma Teresa de Jesús (V 22, 6). «Mi hermano muy amado y Señor Jesús», proclama Carlos de Foucauld. No terminaríamos nunca de decir cómo consideran los santos al Señor, pero sabemos cómo se dirige Isabel de la Trinidad a Jesús en su célebre oración: *Oh mi Cristo amado, crucificado por Amor*. Saboreemos esta fórmula admirable. Dejémonos atrapar por esta extraordinaria declaración de amor y pidámosle a Isabel que nos establezca, como a ella, en esta relación de intimidad con Aquel que es en nosotros y en el cual somos. Para ella, Jesús es el amigo, el hermano, el esposo amado. Para ella, Jesús es la Palabra de Dios, el Verbo eterno, el adorador del Padre. Para ella, Jesús es el Salvador del mundo, el Crucificado por amor.

Jesús es el amigo, el hermano, el esposo amado

Así lo considera ella desde los primeros impulsos de la adolescencia. Rebosante de dones naturales, inteligente y sensible, pianista realizada, apreciada por sus amigos, delicada en el cariño a los suyos, he aquí que encuentra misteriosamente a Aquel a quien entregar su vida... Si vuelves a leer su diario y saboreas sus poesías, verás con qué fogosidad se dirige a Aquel que ama. He detectado 23 expresiones propias del lenguaje amoroso: *Esposo mío, mi rey, mi vida, mi amor, mi fortaleza, mi apoyo, mi amado, mi todo; sólo tú, por quien vivo, sólo a ti a quien amo*, etc. Y este amor no sólo lo dice, sino que lo demuestra. *¡Vivamos de amor!, entregadas todo el tiempo, inmolándonos minuto a minuto, haciendo la voluntad del buen Dios sin buscar cosas extraordinarias* (L 298).

Su amor a Jesús la llevará a aceptar el sufrimiento y la muerte.

Creo que en la cruz es donde el maestro quiere consumar mi unión con Él. No hay otra madera como la de la cruz para encender en el alma el fuego del amor (L 138).

Todo lo que ha vivido con Aquel que ama tanto y a quien da prueba concreta de su amor, lo expresa en una página admirable:

¡Esposa! ¡Lo que este nombre hace presentir de amor que se entrega y se recibe, de intimidad, de fidelidad, de entrega absoluta! Ser esposa es estar entregada a Él como Él se entregó; estar inmolada como Él, en Él y por Él. Es Cristo, que se convierte en todo mío y yo me convierto en toda suya. Ser esposa es tener todos los derechos sobre su corazón. Es un diálogo de corazón a corazón para toda una vida. Vivir en compañía, siempre en compañía. Es descansar de todo en Él y dejar que Él descanse de todo en nuestra alma. Es no saber ya hacer otra cosa que amar. Amar adorando, amar rezando, pidiendo, olvidando.

Amar siempre y de todas las formas. Ser esposa es tener los ojos en sus ojos, la mente asediada por Él, el corazón completamente atrapado e invadido, como fuera de sí y transportado en Él, el alma llena de su alma, llena de su oración, todo el ser cautivado y entregado (NI 13).

Oh, mi Cristo amado, crucificado por amor. Para ella, Jesús es el amigo, es el hermano, es el esposo amado, aquel que indica el camino por donde ella *pondrá sus pasos siguiendo las huellas de los de Él para remontarse hasta Él y hacerse santa con su santidad* (DR 29). Y concluye: *Es necesario, pues, que estudie a este divino modelo para identificarme tan perfectamente con Él, que pueda expresarlo sin cesar a los ojos del Padre* (DR 37).

Palabra de Dios, Verbo eterno, adorador del Padre

En su oración, pide que *cada minuto la lleve más lejos en la profundidad de su misterio*, y en este misterio de la vida trinitaria, ve al Hijo *–oh Verbo eterno, Palabra de mi Dios–* totalmente en relación con el Padre, perfecta imagen de su belleza, total alabanza de su gloria. Isabel sabe bien que Jesús es el único adorador, y por eso le pide a Él, el Verbo eterno, que venga a ella: *Ven a mí como adorador*. Sabe que nadie ha visto nunca a

Dios, y que su Hijo Jesús ha venido a revelárnoslo, y por eso pide en su oración: *Oh Verbo eterno, Palabra de mi Dios, quiero pasar mi vida escuchándote, quiero hacerme completamente enseñable a fin de aprenderlo todo de ti.*

¡Dios habla! ¡Dios me habla! ¡Dios tiene algo que decirme! ¿Cómo es posible? Isabel está convencida de ello. Y en el silencio, se pone a escuchar a Dios. *¿No tienes tú esa pasión por escucharlo?*, le pregunta un día a una de sus amigas. Lo que Él le revela en el fondo de su alma supera nuestro entendimiento. Es la luz de la vida, que dará verdadero sentido a todos los acontecimientos, dichosos o desgraciados, de su existencia, a todos los acontecimientos de la vida de la Iglesia, ya se trate de las persecuciones anticlericales por parte del gobierno o de la última encíclica del Papa sobre «restaurarlo todo en Cristo».

Salvador del mundo, Crucificado por amor

Jesús no viene a salvar el mundo en general, la humanidad en sí misma, la naturaleza humana en su esencia, sino el mundo de hoy, el mundo del dolor, del mal y del pecado. Mientras escribo estas líneas hay niños muriendo de hambre, hombres torturados, chiquillos maltratados, mujeres que se prostituyen, jóvenes que se drogan. Mientras escribo, el pecado, la angustia, la maldad y el odio causan terribles estragos.

¡Ese mundo es el que Cristo viene a salvar! Hay que luchar, hay que combatir, hay que arremeter contra el sufrimiento, contra el mal, contra la injusticia, contra la miseria, y nuestra vocación cristiana es hacer un mundo más justo y más fraterno, y no tenemos derecho a cruzarnos de brazos. Isabel se plantea esta cuestión más que cualquier otra: «¿Qué es lo que puedo hacer, qué es lo que debo hacer?». Y misteriosamente, oye la respuesta de Jesús: «Nadie tiene mayor amor que el que da su vida por sus amigos» (Jn 15, 13). Jesús ha salvado a los hombres mediante su dolor y su muerte. Isabel hace como Él: *Una carmelita* (¡un cristiano bautizado!) *es como un alma que ha mirado el crucifijo, que lo ha visto ofrecerse como víctima a su Padre por las almas y, recogiéndose bajo esta gran visión de la caridad de Cristo, ha comprendido la pasión de amor de su alma y ha querido entregarse como Él* (L 133).

Para ella, Jesús es el amigo, el hermano, el esposo amado. Para ella, Jesús es Cristo, el Verbo eterno, el adorador del Padre. Para ella, Jesús es el salvador del mundo.

Éste es, me parece, Jesús para Isabel de la Trinidad. Al final de este día, también nosotros debemos preguntarnos quién es Jesús para nosotros. Pero antes de ello te propongo pronunciar varias veces, en voz alta y desde lo más profundo del corazón, este nombre que está por encima de todo: ¡Jesús! Será como un encantamiento, pero sobre todo será una ocasión de tomar conciencia de todo lo que este nombre evoca en nosotros...

Jesús, ¡un nombre que dice tantas cosas a quien lo pronuncia! Es el nombre del amigo fiel que nunca nos abandona, aunque a veces se esconda. Pronunciar su nombre nos hace sentir dulzura, alegría, luz y fuerza de vivir. *Sí, Jesús, tú eres la luz de mis ojos, la vida de mi alma, el regocijo de mis labios y de mi corazón. Oh Nombre inefable, te amo. ¡Sé mi cántico, mi grito de alegría y de amor, mi verdadera gloria, mi verdadera felicidad! ¡Jesús, Jesús, Jesús!*

Acabo de hacer esta experiencia con niños y adultos en una misa de inicio del curso de catequesis: después de haber afirmado en la homilía que el nombre de Jesús resumía toda nuestra fe y debería resumir toda nuestra vida, les pedí a los asistentes que se levantasen y dijesen tres veces, después de mí, cada vez más fuerte y al cabo de un rato de profundo silencio: Jesús, Jesús, Jesús. Fue extraordinario, y estoy seguro de que causó un profundo impacto en los niños y en sus familias.

VIVIR EL MISTERIO DEL AMOR DE DIOS POR NOSOTROS

Cree que Él te ama, que quiere ayudarte Él mismo en los combates que has de mantener. Cree en su amor, en su amor desmesuradamente grande (GV 11).

¡Dios nos ama! Esta afirmación la hemos oído mil veces, pero ¿nos la habremos tomado en serio aunque sea una vez?

Isabel de la Trinidad nos lo repite: *Hay un Ser que es el Amor y que quiere que vivamos incorporados a Él* (L 327). Es el gran hallazgo, la gran certeza de Isabel, de ti y de mí, aun cuando esta certeza nunca es evidente porque es una certeza de la fe. A su amiga *Frambuesa* le escribe: *Cree que Él te ama, que quiere ayudarte Él mismo en los combates que has de mantener. Cree en su amor, en su amor desmesuradamente grande.*

Que cada uno de nosotros pueda pararse de vez en cuando a mirar su vida para interpretarla con los ojos de Dios y recordar dónde, cuándo y cómo el Padre, el Hijo y el Espíritu nos han manifestado y nos siguen manifestando aún hoy el amor con que nos colman...

El 15 de octubre de 1902, Guite, la hermana de Isabel de la Trinidad, se casa con Georges Chevignard. Su gran felicidad se ve colmada por la llegada de nueve hijos... Isabel, en su carmelo, se alegra de su felicidad, admira la transformación de su hermana por el amor que se tienen los dos esposos y, a mediados de 1902, pensando en el amor que une cada vez más a Georges y a Marguerite, escribe una página extraordinaria sobre el Amor que la une a ella, Isabel, con Jesús, su esposo amado (NI 7).

Pero antes de proseguir hay que detenerse y reflexionar. ¿Es posible amar a alguien que no vemos, no tocamos ni abrazamos? ¿Alguien en quien creemos pero que nunca hemos visto y del que tantos hombres y mujeres afirman que no existe? Todo esto, dicen, es cosa de la imaginación, de la autosugestión, de elucubraciones, o incluso para compensar una frustración inconfesada... Esta chica está loca y se encierra tras los barrotes de un convento para hacerse la ilusión de un amor imposible... ¡Reacciones muy normales de la mayoría de nuestros contemporáneos que no tienen fe, y que hay que comprender y respetar!

Pero nosotros estamos locos por causa de Cristo. Creemos que todos estamos llamados, cada uno en nuestro lugar, a vivir una relación de amor con Dios Padre, Hijo y Espíritu Santo. Somos –o mejor dicho, deberíamos ser– místicos en el sentido más profundo del término, a ejemplo de todos los santos. Para los que creemos, cada persona de la Santísima Trinidad es Alguien que nos ama y al que podemos amar como un marido ama a su mujer y una esposa a su marido. Isabel vivió este amor nupcial, este amor recíproco que transformó toda su vida y que la lleva a exclamar: *¡Si pudiésemos tan sólo comprender esta pasión de amor de su corazón!...* (L 44).

Sin duda se trata del amor personal de Jesús por ella y por nosotros; Jesús con su personalidad concreta tal como se manifestó durante su vida terrena; pero al mismo tiempo este Jesús de Nazaret es, para ella y para nosotros, el Hijo de Dios, eternamente vivo, resucitado, glorificado; más aún, el Jesús de Isabel, a la vez verdadero Dios y verdadero hombre, forma un todo con el Padre y con el Espíritu Santo en el maravilloso misterio del amor trinitario... Cuando Isabel dice «Jesús» es a la vez Jesús en su humanidad concreta, Jesús en su divinidad eterna y Jesús en su intimidad trinitaria.

Tratemos de entender ahora cómo vivió Isabel este amor nupcial. Hoy dejaremos que Isabel nos diga cómo descubre y vive ella el amor que Dios le tiene, y mañana Isabel nos indicará cómo responde ella a este amor solícito de Dios por ella.

Isabel quedó muy marcada por el principio de la epístola de san Pablo a los Efesios: «Dios... nos ha elegido en Él antes de la fundación del mundo, ...eligiéndonos de antemano para ser sus hijos adoptivos por medio de Jesucristo» (Ef 1, 4-5). Es consciente de que Dios la ha elegido sin ningún mérito por su parte, y esa elección es la primera manifestación de su amor. Por eso se comprende la pregunta que plantea al canónigo Angles, que todos deberíamos plantearnos y que toda esposa se plantea respecto a su marido: *¿Por qué me ha amado tanto?* (L 131). Ve con qué amor mira Georges Chevignard a Guite, su esposa; se regocija de la mirada que Dios, Padre, Hijo y Espíritu Santo, le dirige a ella en cada momento del día y de la noche, y sugiere a una de sus hermanas carmelitas que viva lo que ella misma vive con tanta intensidad: *Oh, permanece siempre bajo la mirada divina* (P 95).

¡Dios me ama, pues me mira con extraordinaria mirada de amor!

Guite sabe bien lo que Georges ha dejado para casarse con ella. Con 30 años, se había formado su vida de solterón apasionado por la música y la lectura... Su modo de vivir cambió radicalmente, sobre todo cuando fueron llegando, uno tras otro, sus nueve hijos... Todo lo aceptó por amor a su esposa. Isabel descubre el mismo gesto de Jesús por ella. «Jesús no retuvo ávidamente el ser igual a Dios, sino que se despojó de sí mismo tomando condición de siervo» (Flp 2, 6-7). Le gusta contemplar el misterio de la Encarnación: *El Dios escondido, el inaccesible, se hizo niño pequeño por nosotros* (P 96).

¡Dios me ama, pues viene hasta mí!

Isabel de la Trinidad entra en el Misterio de la Redención. Mira a Jesús, a Jesús crucificado, y se atreve a sacar consecuencias para ella. *¿No cree que, para llegar al anonadamiento, al desprecio de uno mismo y a ese amor al sufrimiento que ardían en el alma de los santos, hace falta mirar largamente al Dios crucificado por amor?* (L 124).

¡Dios me ama, pues ha querido sufrir por mí!

Oh hermana mía, ser Él: esto es todo lo que sueño. Sí, seamos Él y vayamos al Padre en el movimiento de su alma divina (L 121). Isabel expresa este asombroso deseo, que revela el fondo de su alma. Este sueño va aún más lejos al final de su vida, pues escribe: *Sueño con ser transformada en Jesús crucificado, y esto me da tanta fortaleza en el dolor...* (L 324). Sabe bien que *ser transformada en Jesucristo* es obra de toda una vida y sólo se puede hacer progresivamente, con el tiempo. Sabe también que convertirse en otro Cristo supone *morir a uno mismo para dejarle todo el sitio a Dios* (L 224). Requiere un esfuerzo por nuestra parte, pero es ante todo un regalo de Dios. *Es el Espíritu de Amor y de fortaleza el que transforma el alma* (CF 42). Este regalo maravilloso no tenemos más que esperarlo, desearlo y recibirlo cuando Dios quiera dárnoslo.

¡Dios me ama, pues quiere transformarme en Él!

Isabel vive intensamente el misterio de la Trinidad y nos recuerda que sólo Jesús puede dejarnos entrar en este misterio esencial… *Sepultémonos en un silencio eterno. Que la simple mirada a Él nos separe de todo y nos fije en la insondable profundidad del misterio de los Tres, a la espera del* veni *del esposo* (L 332). Esto se realiza hoy, si Dios quiere, allí donde estamos, pero se realizará de forma total cuando estemos también nosotros –dice Isabel– *con Jesús y hayamos pasado de este mundo a su Padre. La perspectiva de ir a ver a Aquel que amo en su inefable belleza y de abismarme en esa Trinidad que ya fue mi cielo aquí abajo, me da una alegría inmensa en el alma* (L 271).

¡Dios me ama, pues me llama a vivir en intimidad con Él ahora y siempre!

Isabel sabe bien que el amor loco con el que Dios la ama a través de Jesús, en el Espíritu, no puede detenerse en ella. Jesús la necesita para llegar a los demás. *A través de ti, quiere hacer que lo amen* (L 233), le escribe a Guite. La comparación con el amor conyugal es fácil. Guite y Georges se aman profundamente, y ese amor los lleva a amar a sus nueve hijos, tan diferentes. Isabel y Jesús se aman, y con ese mismo amor aman a aquellos que encuentran…

¡Dios me ama, pues cuenta conmigo para amar a los demás como Él los ama!

quinto día

VIVIR EL MISTERIO DE NUESTRO AMOR A DIOS

¡Lo amo! No sé hacer otra cosa, lo amo con el amor que es propio de Él; es una doble corriente entre Aquel que es y aquella que no es (L 131).

Isabel no deja de asombrarse de ver con qué amor es amada, cuyas manifestaciones descubre en toda su vida: *¿Por qué me ha amado tanto?* (L 131). Pero sabe también que no hay amor sin reciprocidad. «El amor no se paga sino de sí mismo», le ha enseñado su maestro Juan de la Cruz (CE B 9, 7). Así pues, durante toda su vida, ella ama a su vez a quien tanto la ha amado. *No le pido más que una cosa: amarlo con toda el alma, pero con un amor verdadero, fuerte y generoso* (L 38).

Veamos cómo responde Isabel al amor de Dios por ella y comprobaremos que este amor funciona como el de dos esposos que se aman y se entregan el uno al otro.

Te amo y quiero encontrarte en la oración

Los esposos, como Georges y Guite, su cuñado y su hermana, necesitan largos ratos de intimidad para expresar y alimentar su amor. Igual que ellos, Isabel quiere encontrar a Dios en un *misterioso diálogo de corazón a corazón*. Para Isabel, rezar es ante todo esto: estar con Él, ante Él, para Él, en Él *...en un diálogo íntimo de corazón a corazón, con una mirada llena de amor* (L 138). Está allí con Él porque Él está con ella. Isabel lo sabe y lo vive íntimamente: *Es tan simple: el divino adorador está en nosotros, y por eso tenemos su oración; ofrezcámosla, participemos en ella, recemos con su Alma* (L 179). Mira a Jesús, su esposo: *He aquí el secreto: mirar al Maestro y no mirarlo más que a Él* (L 333). Mirarlo porque Él nos mira primero... Fijarnos en la humanidad de Jesús tal como se manifestó en su vida terrena, y también fijarnos en Jesús en el misterio de su divinidad.

Ella lo escucha. A Germana Gemeaux le pide: *Hagamos silencio para escuchar a Aquel que tanto tiene que decirnos* (L 164). Lo que Dios tiene que decirnos pasa también por esta Palabra de Dios comunicada en la Escritura. Isabel descubre toda la riqueza de lo que Jesús quiere decirle a través de los textos del Antiguo y del Nuevo Testamento. Ya sabemos lo atenta que estaba a los textos de san Juan y de *su querido san Pablo*. Ama a Jesús y quiere encontrarlo en la oración, mirarlo, escucharlo y hablarle de todos los *que están en su corazón* (L 91). le habla a Jesús de los que están cerca. de los que están lejos, le confía el futuro de la diócesis y de Francia. Implora por el mundo (J 17) mediante la súplica de Teresa de Jesús: «O dad fin al mundo o poned remedio en tan gravísimos males» (CP 35, 4). El encuentro de Isabel con Dios en la oración es, por supuesto, un encuentro de amor. Es el momento en que ella le expresa su amor, se deja amar... *Y ahora no tengo más que un deseo: amarlo, amarlo todo el tiempo* (L 156). Amarlo también quiere decir, tanto para ella como para nosotros, dejarse amar, dejarse arrebatar, invadir, llevar. Se trata de estar, como dice ella en la oración, *completamente entregada a su acción creadora*.

Te amo y te poseo en el fondo del corazón

Lo mismo que un marido dedica a su mujer auténticos momentos de intimidad en los que, en el silencio y en el diálogo, se comunican lo mejor que hay en ellos, Isabel encuentra a Dios en la oración... Pero marido y mujer no pueden pasarse la vida mirándose, escuchándose y expresándose su amor recíproco: la vida manda, y precisamente cuando están aparentemente más separados es cuando viven más el uno por el otro... Isabel hace la misma experiencia.

Vivir dentro con Él y por Él, consciente de esta presencia activa de Dios que nos solicita, es lo que se llama la oración continua. Isabel nos explica cómo hay que hacer. *No importa la ocupación en la que me quiera: puesto que está siempre conmigo, la oración, el diálogo de corazón a corazón no debe terminar nunca* (L 169). ¿No es así como los esposos que se aman de verdad piensan el uno en el otro incluso cuando sus diferentes actividades los separan?

Te amo y te encuentro en todos los hechos de mi vida

Isabel, esta gran mística, tiene los pies en la tierra. Su amor por su esposo Jesús lo concreta en hechos. *Con todos nuestros hechos, digámosle nuestro amor haciendo siempre lo que le gusta. No nos dejará solas, permanecerá en el centro de nuestra alma para ser Él mismo nuestra fidelidad* (L 252).

Por amor a Jesús acepta todas las cruces y sufrimientos; y se atreve a escribir: *Amar es tan sencillo; es entregarse a todas sus voluntades como Él se entregó a las del Padre; es sufrir por Él recogiendo con alegría cada sacrificio, cada inmolación, que nos permiten llevar la alegría a su corazón* (L 288).

Te amo y me entrego a ti como víctima

Isabel ha encontrado a Jesús y se ha enamorado locamente de Él. Ya sólo cuenta Él. Quiere encontrarlo más, unirse a Él, dejarse transformar por Él. Quiere amarlo y dejarse amar, y por Él acepta perderlo todo... Nada más comenzar su oración, Isabel pide como condición de todo el resto: *Ayúdame a olvidarme enteramente...*, y precisa: *Para realizar este plan que es el del mismo Dios, he aquí el secreto: olvidarse de uno mismo, despojarse, no tenerse en cuenta, mirar al Maestro, no mirarlo más que a Él, recibir de igual modo la alegría o el dolor como venidos directamente de su amor...* (L 333). Se toma al pie de la letra la frase perentoria: «Si alguno quiere ser mi discípulo, niéguese a sí mismo, tome su cruz y sígame» (Mc 8, 34). Todas las parejas pasan antes o después por pruebas terribles... y sólo su amor recíproco puede ayudarlas a soportar este sufrimiento, sea cual sea.

Te amo y quiero servirte en la Iglesia

Dios ama a Isabel e Isabel ama a Dios, pero por muy fuerte y sorprendente que sea su amor recíproco, no hace que se replieguen sobre ellos dos. Como ocurre con las personas casadas, se extiende, se propaga, se comparte con todos aquellos que encuentran.

El amor de Isabel es inmediatamente un amor misionero. Sabe que no puede guardarse para ella el amor del que Dios, Padre, Hijo y Espíritu Santo, la colma; no puede saborearlo de modo egoísta o aferrarlo celosamente. Quiere que este amor pase a través de ella y llegue a todos los demás. Unos días antes de su muerte, resume toda su vida en esta fórmula sorprendente: *Oh amor, agota toda mi sustancia para su gloria, que se destile gota a gota para tu Iglesia*.

Así es como Isabel de la Trinidad y Dios se amaron con un amor recíproco.

Isabel sabe que Dios la ama, que la ha elegido desde la eternidad y que la mira hoy. Él ha venido hasta ella, hasta lo más recóndito de su ser porque quiere transformarla en Él y llevarla hacia el Padre por el Espíritu. Isabel no puede no responder a este amor, y encuentra a Dios en la oración, lo posee en lo más hondo de su corazón, lo encuentra en todos los acontecimientos de su vida y se entrega a Él totalmente para servirle en la Iglesia.

Isabel de la Trinidad vivió como esposa de Cristo a lo largo de toda su vida, a través de las alegrías y de las pruebas, pero esto no sucedió en la euforia de los consuelos espirituales. Toda vida de pareja pasa por crisis más o menos graves. En su relación amorosa con Dios, Isabel conoció las mismas dificultades; no hay que olvidarlo.

El 30 de octubre de 1906, ocho días antes de su muerte, Isabel aprieta el crucifijo contra su corazón y dice: *¡Nos hemos amado tanto!* Extraordinaria expresión de esta misteriosa reciprocidad de amor a la que se nos llama a todos nosotros, que deberíamos estar «locos a causa de Cristo».

sexto día

VIVIR EL MISTERIO DEL AMOR FRATERNO

Uno a veces se imagina que, en la clausura, ya no se sabe amar, pero es todo lo contrario, y, por mi parte, nunca he tenido tanto afecto. Me parece que mi corazón se ha ensanchado... (L 290).

Lo sabemos bien: «El segundo mandamiento es parecido al primero», y en consecuencia, «el que dice que ama a Dios, a quien no ve, y no ama a su hermano, a quien ve, es un mentiroso». Isabel ama, con todo el corazón y con un mismo impulso, tanto a Jesús, *su amor, su único amigo*, como a todas las personas que encuentra en su vida diaria.

Sólo el Amor queda

Una semana antes de su muerte, Isabel de la Trinidad pronunció esta frase: *Todo pasa... En el ocaso de la vida, sólo el Amor queda. Hay que hacerlo todo por amor; hay que olvidarse de uno mismo sin cesar* (S 252). Hacerlo todo por amor, ¡se dice fácil! Isabel –como cada uno de nosotros– lo experimentó en su vida de todos los días. Sabemos que, con su temperamento fogoso –*Yo, cuando amo, no es sólo un poco*–, Isabel tuvo que luchar contra una inclinación natural a la impaciencia e incluso a la ira... Un día le dio las gracias a su madre por haberla ayudado *a domar su terrible carácter*... Y explica sus esfuerzos íntimos, en particular con ocasión del retiro parroquial de marzo de 1899: *Esta formación me ha hecho mucho bien, pues no siempre estoy dispuesta a perdonar al prójimo. He tomado decisiones serias. ¡Jesús, ayúdame!* (J 72). Todos los testigos de su vida en el carmelo subrayan que era amable, servicial, sencilla y alegre, atenta a su entorno. Su priora, la madre Germana, que tuvo en ella tan buena influencia, lo afirma en el libro *Isabel de la Trinidad. Recuerdos.*

Me siento feliz de servirle

Su paciencia, fruto de su humildad, era inalterable. Era imposible sorprenderla en falta. ¡Y cuántas veces la pusieron a prueba! La madre Germana escribe que siempre estaba a disposición de los demás, que recurrían frecuentemente a su inagotable conformidad. Una de ellas se disculpó un día por molestarla tantas veces, e Isabel respondió: *No me diga eso; ¡me siento tan feliz de servirle!* (S 127).

Ella misma decía: *Me parece que mi corazón, que Dios ha hecho que ame tanto, se ha dilatado desde que está encerrado detrás de estas rejas, en contacto con Aquel que san Juan llama «Caridad - Amor»* (L 265). ¡Y Dios sabe que pasar toda una vida en comunidad de clausura no es cualquier cosa! Todas las religiosas te lo dirán: «La vida fraterna es nuestra gran riqueza, pero es también una cruz de cada instante». Isabel se encuentra en medio de una comunidad que no ha elegido. Y se encuentra con religiosas que tienen sus cualidades y sus defectos, su generosidad y su pequeñez, su entusiasmo y su desánimo... Isabel las ama tal como son, con esa capacidad de adaptación a cada una que es excepcional en ella.

Pongo sólo un ejemplo que me parece significativo: la hermana Luis Gonzaga era la «primera ropera», la encargada de cuidar la ropa de las hermanas... Isabel tenía que ayudarla. Se ha conservado de ella esta admirable nota: *Querida hermana, me encuentro en apuros al tener que encontrar el lugar donde poner el retal que acaba de darme. Dejo los dos lados sin hacer la costura para más seguridad y le agradecería que después de misa, si puede, pase a vernos. Entre y marque el lugar, por favor, y luego mire lo que se me ha ocurrido para un delantero que quedaba estrecho. Si le parece mala idea, ya me dará otra mejor. En la mesa encontrará lápiz y papel por si tiene alguna explicación que dar a su oficiala, que la ama y reza por usted* (L 254). ¿Puede uno imaginar mayor disponibilidad? Isabel no impone nada. Propone su idea pensando que quizá sea mala y deseando que la de su compañera sea mejor. Prepara papel y lápiz para evitarle toda búsqueda inútil y termina asegurándole a la hermana Luis Gonzaga su afecto y su oración.

Cuando uno ama, desea el bien de la persona amada

A través de todas sus cartas y de todas las poesías dedicadas a una u otra de sus hermanas, descubrimos que Isabel apunta mucho más alto que a la felicidad inmediata de cada uno. Lo que quiere es compartir su propia felicidad, lo que constituye su vida profunda... Quiere el bien espiritual de su madre, y todas las cartas que le dirige lo dejan claro: *Me parece que mi amor por ti no es simplemente el de una niña por la mejor de las madres, sino además el de una madre por su hija. Soy la madrecita de tu alma, te parece bien, ¿no?* (L 273, 3).

Lo cual vale también para su hermana Guite: *Oh, hermanita, en el cielo me alegraré al ver aparecer a mi Cristo tan hermoso en tu alma. No estaré celosa, sino con un orgullo de madre, y le diré: «Yo, pobre miserable, he dado a luz esta alma a la vida»* (L 239). Lo es también para *Fram-*

buesa, su joven amiga, a la que envía una larga carta llena de consejos juiciosos para ayudarla a vivir *su programa de vida cristiana*. Este largo texto está publicado en las *Obras completas* bajo el título: *Grandeza de nuestra vocación*.

Isabel se siente investida de una misión, y trata por todos los medios, amablemente, de realizarla en los que le están confiados. Su deseo más profundo es ayudar a sus hermanas a realizar totalmente su vocación.

Lo que hizo durante toda su vida por su madre, su hermana y sus amigas laicas o religiosas, promete seguir haciéndolo cuando esté en el cielo. Leamos de nuevo la célebre frase en que explica su misión: *Me parece que en el cielo mi misión será atraer a las almas ayudándolas a salir de ellas mismas para adherirse a Dios con un impulso sencillo y amoroso, y custodiarlas en ese gran silencio interior que permite que Dios se grabe en ellas y las transforme en Él* (L 335).

Me da su amor para amarte

La caridad es una virtud teologal. Viene de Dios y lleva a Dios. Isabel ama a los demás con todo el corazón y con toda su personalidad, pero es consciente de que sólo Jesús en ella es capaz de amar de verdad. Frecuentemente recalca esta certeza. *Me enseña a amarte como amó Él, un Dios todo amor* (L 188). Al final de este día, pidámosle a Isabel de la Trinidad que nos ayude a amar a los demás, a todos los demás, como hizo ella misma de un modo tan maravilloso; pidámosle que nos enseñe *el secreto de la felicidad: no tenerse en cuenta uno mismo, negarse todo el tiempo* (GV 4) para dar la felicidad a los que amamos.

Pidámosle que interceda por nosotros y por todos aquellos que le confiamos, con esta hermosa oración:

Bienaventurada Isabel,
con tu gran amor por Dios
estabas siempre cerca
de las necesidades de tus amigos.
Ahora que estás en el cielo
ante el rostro del Señor,
intercede ante Él
por la preocupación que te encomendamos...
Enséñanos con fe y con amor
a vivir con la Santísima Trinidad
en lo más hondo del corazón.
Enséñanos a irradiar, como tú,
el amor de Dios entre los hombres
en nuestra vida de cada día
para ser alabanza de su gloria.

séptimo día

VIVIR EL MISTERIO DE LA INTIMIDAD CON LOS TRES

Él está en mí. Yo estoy en Él. No tengo más que amarlo, que dejarme amar, todo el tiempo, en todas las cosas. Despertarse en el amor, moverse en el amor, dormirse en el amor, con el alma en su alma, el corazón en su corazón, los ojos en sus ojos, a fin de que, por el contacto con Él, Él me purifique y me libere de mi miseria (L 177).

Oh mis Tres, mi Todo, mi Bienaventuranza... Curiosa y admirable manera de dirigirse a Dios... Isabel vive el misterio de la Trinidad con todas las consecuencias, me atrevería a decir. Se ha dicho de ella que era «la santa de la interioridad»... ¡y es verdad! Ha descubierto la extraordinaria promesa de Jesús: «Si alguno me ama, mi Padre lo amará, y vendremos a él y haremos morada en él» (Jn 14, 23). El Dios trascendente, el Dios completamente distinto, el Dios creador del cielo y de la tierra se hace muy cercano y vive en lo más íntimo de nosotros mismos, en el *abismo de nuestro corazón*.

Para vivir mejor el misterio de la intimidad con los Tres, te propongo estas palabras: intimidad, reciprocidad, unidad, avidez, interioridad, continuidad, fecundidad. Forman todo un programa de vida y resumen el mensaje de Isabel.

Intimidad

Hay un ser que es el Amor y que quiere que vivamos asociados a Él... (L 327). San Juan decía «en comunión con Él» (1 Jn 1, 3). Isabel habría podido decir, ya que lo vivía, «en intimidad con Él». *Os dejo mi fe en la presencia de Dios, del Dios-todo-Amor que vive en nuestra alma. Os lo confío; esta intimidad con Él «dentro» ha sido el hermoso sol radiante de mi vida y ha hecho de ella como un cielo anticipado* (L 333). Isabel entró en la profundidad del misterio trinitario; se dejó invadir por él. Dios es amor porque es Padre, Hijo y Espíritu Santo, pero el amor tiene un solo deseo: comunicarse, extenderse, atraer hacia sí al que se acerca a él, y ésta es la extraordinaria noticia: Dios nos llama a vivir en su intimidad, a conocerlo y a amar tal como se conocen y se aman en sí mismo las tres Personas divinas. Más aún: Dios nos llama a ser un todo con Él.

Isabel escribe: *Mi alma: este santuario íntimo donde vivo noche y día con Aquel que es mi amigo de todo instante. ¡Qué hermoso es vivir en esta dulce intimidad!* (L 243).

Esta intimidad se vive con la fe, pues raramente se siente. *Ah, qué hermosa esta presencia de Dios dentro de nosotros, en el santuario íntimo de nuestras almas. Allí lo encontraremos siempre, aunque en el sentimiento dejásemos de sentir su presencia, pero está ahí de todos modos. ¡Ahí es donde me gusta encontrarlo!* (L 47).

Reciprocidad

Dios Padre, Hijo y Espíritu Santo nos llama a vivir en intimidad con Él. Abandonamos la relación de creador a criatura para entablar una relación de igualdad. Es inverosímil pero es así. Dios se pone a nuestro nivel, desciende hasta nosotros para que podamos subir hasta Él... Es el misterio del Amor que quiere transformar y divinizar todo nuestro ser. Es algo que nos sobrepasa, pero no pretendamos entenderlo; tratemos, como Isabel, de vivirlo...

Esta intimidad con Dios, con cada una de las Personas divinas, es recíproca. Puedo encontrar a Dios que está en mí, y Dios me encuentra porque estoy en Él. Isabel insiste en esta doble presencia, en esta presencia recíproca: *Piense que está en Él; que Él se hace morada de usted aquí abajo. Y puesto que está en usted, usted lo posee en lo más íntimo de su ser, y a cualquier hora del día y de la noche, en todas sus alegrías y sus pruebas, puede encontrarlo ahí, muy cerca, den-*

tro. Es el secreto de la felicidad, es el secreto de los santos (L 175).

¡Es increíble! Nos parece demasiado hermoso para ser cierto. Y sin embargo, ¡cuánto se vería transformada nuestra existencia de cada día, con sus alegrías y sus penas, si aceptásemos entrar en esta realidad maravillosa: *Él está en mí. Yo estoy en Él. No tengo más que amarlo, que dejarme amar todo el tiempo y en todas las cosas* (L 177)!

Unidad

Dios no está en nosotros del mismo modo que un objeto está en un lugar. No se trata de una presencia estática, como la de una cosa que está ahí y ahí se queda. Su presencia es activa, es dinámica, tiende a la unión, a la comunión, a una misteriosa unidad de las personas. Es una presencia relacional. Dios está en mí, que quiere decir: «Dios está para mí». Estoy en Dios, quiere decir: «Estoy para Dios» o, en todo caso, me gustaría que fuese así. Es el dinamismo del amor, que quiere ir cada vez más lejos en el conocimiento de aquel que es amado y quiere cada vez más ser su felicidad, olvidarse de sí mismo para perderse en el otro. Es un amor total y exclusivo que quiere darlo todo a aquel que ama y desea que todo su ser esté dedicado a él, con total olvido de sí mismo.

Isabel resume esto en unas pocas frases incisivas. *Lo amo apasionadamente. Al amarlo, me transformo en Él. Él siempre está conmigo; me funde en el Uno. ¡Nos amamos tanto!* (L 130).

Avidez

Encontrar a Dios en mí, encontrarme en Él, en una intimidad recíproca que aspira a una unión amorosa entre Él y yo, es, por supuesto, un don de Dios. Él ha sido quien ha tomado la iniciativa de amarnos... Pero Dios, Padre, Hijo y Espíritu Santo, no puede ni quiere hacer nada sin nosotros. No impone nada; propone. Responde a nuestro deseo si lo manifestamos. Viene a nosotros si queremos venir a Él, si aceptamos colaborar con Él. Nos ama demasiado para venir a nosotros con violencia. Desear esta mutua intimidad porque Dios es el primero en desearla, y aspirar con toda el alma a esta unión misteriosa con Él es la condición indispensable. Pero hay otras que ella misma nos indica.

Interioridad

Para encontrar a Dios «en el fondo de nuestra alma», para perdernos en la Trinidad que nos envuelve por todas partes, hay que buscar la soledad, el silencio, el recogimiento interior. Es lo que le recomienda con afecto a su madre: *Mamaíta, aprovecha tu soledad para recogerte con el buen Dios. No podemos salir de Él, pero, desgraciadamente, a veces olvidamos su santa presencia y lo dejamos solo para ocuparnos de nuestras cosas que no son Él* (L 301).

Vivimos en un mundo ensordecedor en el que todo nos invita a dispersarnos... Cada vez más, el cristiano debe ir a contracorriente, debe volver a lo esencial, que es «invisible a los ojos». Lo cual supone adquirir perspectiva para juzgar serenamente las cosas. Sobre todo debe encontrar momentos de silencio donde poco a poco recupere el sentido profundo de su vida; un silencio que no se limita a la ausencia de ruidos exteriores, sino que es encuentro con Alguien al que sólo podemos oír si hacemos callar todas las demás voces...

Continuidad

Isabel encuentra a Dios *dentro*. Toma conciencia de que está *en Dios* durante el momento privilegiado de la indispensable oración, pero sabe bien que toda su vida debe convertirse en *oración continua*, y nos explica cómo hace para que así sea. Cuando estaba aún en el mundo, pedía: *Quisieras ser toda de Él aun en medio del mundo, ¡es tan sencillo! Él siempre está contigo, debes estar siempre con Él. A través de todas tus acciones, de todos tus sufrimientos, ¡permanece bajo su mirada! ¡Míralo presente y vivo en tu alma!* (L 39). Siempre debemos velar para que no haya separación, ruptura –y menos aún contradicción– entre el momento privilegiado de nuestra oración y el resto de nuestra vida. Isabel de la Trinidad insiste en esta indispensable continuidad entre la oración y la vida. Le hubiera gustado lo que afirma la segunda oración eucarística: «Nos has elegido para servir en tu presencia». Y explica: *En lo que a mí respecta, he encontrado mi cielo en la tierra en mi querida soledad del carmelo, donde estoy sola con el Solo. Todo lo hago con Él, por lo que voy a todo con una alegría divina. Ya sea barriendo, trabajando o cuando estoy en oración, todo lo encuentro bueno y delicioso, puesto que por todas partes veo a mi Maestro* (L 138).

Fecundidad

Esta misteriosa intimidad con los Tres, en una asombrosa reciprocidad que lleva a la unión, exige una avidez insaciable y una profunda interioridad. Todos estamos llamados a tan altas cimas de la unión con Dios, cada uno siguiendo su gracia particular... Pero hay que recordar siempre que ese encuentro con Él, Padre, Hijo y Espíritu Santo, es la condición de una verdadera fecundidad espiritual. Dar Dios presupone poseerlo. Que cada uno de nosotros pueda decir con Isabel: *Quisiera ser completamente silenciosa, completamente adoradora, a fin de poder penetrar cada vez más en Él y estar tan llena de Él que pueda darlo, mediante la oración, a esas pobres almas ignorantes del don de Dios* (L 131).

octavo día

VIVIR EL MISTERIO DE LA ORACIÓN

¡Dejémonos arrebatar y llevar allí donde quiera nuestro Amado! ¡Ah, mi corazón desborda de tan arrebatado como está! Oh, pídale que me pierda en Él! (L 70).

¡He pasado diez años de mi vida sin rezar! Como responsable de un amplio sector minero y párroco de una parroquia de 8.000 habitantes, tenía tanto trabajo, que no me quedaba tiempo ni ganas ni ánimos para rezar... Había caído en la trampa del activismo... Tuve que conocer a Isabel de la Trinidad para volver a descubrir la belleza, la necesidad y la profundidad de la oración. Isabel volvió a enseñarme a rezar. Me puse de inmediato a hacer, como ella, dos horas de oración. Y una vez curado milagrosamente por Isabel, cuando acepté nuevas responsabilidades en la diócesis, seguí viviendo cada día, gracias a ella, esas dos horas de oración diaria en las que culmina toda mi vida. Pero sé que lo que se me pide a mí, seguramente no se le pide a otros. El tiempo no tiene nada que ver. Y los cinco minutos que dedica al día una madre inmersa en su trabajo, valen lo mismo o más que las dos horas de oración de una carmelita o del padre Rémy.

Isabel me lo enseñó: la oración es una llamada, un encuentro, un envío.

El Maestro está ahí y te llama

Jesús dice: «Cuando quieras rezar»; no dice: «Cuando tengas tiempo... de rezar», ni tampoco: «Cuando necesites rezar» o «Cuando tengas ganas de rezar», ¡no! Dice: «Cuando quieras». Entonces ¿quieres o no quieres? Pues si quieres, vas, y si no quieres, te quedas. Pero si te quedas, dejarás de lado lo esencial. ¡Él nos llama, nos espera, tiene ganas de vernos! ¡Tiene algo que decirnos y nos da cita! ¡Él, Padre, Hijo y Espíritu Santo, quiere verme! Cuando uno empieza a entender esto, la oración se convierte en necesidad, como dice Isabel: *Nuestra alma necesita ir a sacar la fuerza de la oración, ese diálogo íntimo de corazón a corazón en el que toda el alma se vacía en Dios mientras que Dios se vacía en ella para transformarla en Él* (L 278).

El encuentro con Dios en la oración es siempre un combate; a veces es formidable, maravilloso, pero mucho más a menudo sucede en medio de dificultades y de la aridez... También Isabel conoció las dificultades en la oración.

Acuérdate de su oración: *En medio de todas las noches, de todo vacío y de toda mi ineptitud, quiero vivir con los ojos clavados en ti sin apartarme nunca de tu inmensa luz.*

Estar ahí...

Isabel da la más hermosa, verdadera, estimulante y al mismo tiempo la más sencilla definición de oración: *Rezar es estar ahí.* Y precisa: *Que esté por entero allí contigo, completamente alerta en mi fe, en total adoración y del todo entregada a tu acción creadora.* Sí, rezar es estar con Él, Padre, Hijo y Espíritu Santo... La oración es el más formidable de los encuentros.

...con Jesús que reza en nosotros

Éste es el gran descubrimiento de Isabel. Sólo Jesús, Hijo de Dios, Verbo encarnado, es capaz de rezar. Y nuestra oración, por personal que sea, no puede ser más que una participación en la oración de Jesús. *Me parece que mi oración es todopoderosa, pues no soy yo quien reza, sino mi Cristo el que reza en mí* (L 105). Sabemos cuál fue la oración de Jesús, dirigida al Padre, para gloria del Padre, y al mismo tiempo completamente dirigida a los hombres para la salvación del mundo. Isabel lo sabe y lo vive intensamente: *Es tan simple, el divino Adorador está en nosotros, y por eso tenemos su oración; ofrezcámosla, participemos en ella, recemos con su Alma* (L 179).

...con Jesús que reza por nosotros

La oración de Isabel es también una oración de petición. Recorriendo su diario y sus cartas podemos descubrir fácilmente lo que pide... para los demás. Reza por todas las intenciones que le confían, ya sea para ganar un proceso (L 122) como para la curación de un enfermo (L 96), para encontrarle marido a una joven (L 330), por el descanso del alma de un difunto (L 201), para aprobar un examen (L 324) o para que se cure el dedo meñique de su sobrina (L 298). Pero su oración es también universal: *Envolviendo el mundo con su oración, es apóstol en verdad* (P 83).

Isabel envuelve el mundo con su oración. Para mí también la oración es el lugar, el momento, el acto en que me reúno con seis mil millones de personas. No subo yo solo a mi oratorio, sino que llevo en mi corazón a todos los hombres, los que están cerca y los que están lejos, la humanidad entera. Estoy ahí, pero no estoy ahí para mí. Estoy ahí para Él y para ellos: este encuentro con Dios me permite misteriosamente poner a Dios en contacto con los hombres y a los hombres en contacto con Dios. ¡Qué extraordinario alcance adquiere la oración cuando uno ha entendido misteriosamente que es una llamada a la cual respondemos, el medio privilegiado de hacerse cargo, junto con Jesús, de toda la humanidad!

...para amarlo

La oración, tal como Isabel me la enseñó, es un encuentro de amor. Todos estamos llamados a ser o a convertirnos en «místicos», es decir, personas capaces de vivir una relación amorosa con el Padre, el Hijo y el Espíritu Santo. Él fue el primero en amarnos y nos pide que lo amemos a nuestra vez. Y esto se vive en ese momento privilegiado y misterioso de la oración. La oración de Isabel es ese diálogo con Dios *de corazón a corazón* que ella quiere prolongar en toda su vida: *Sólo le pido una cosa: amarlo con toda el alma, pero con un amor verdadero, fuerte y generoso* (L 38).

...«entregada a su acción creadora»

Por encima de todas las actividades indispensables –mirarlo, escucharlo, implorarle, amarlo– hay en la oración una actitud esencial: una pasividad amorosa, el dejarse hacer por parte de Dios. Isabel nos permite adivinar un poco lo que sucede en lo profundo de su ser: *La oración: ese diálogo íntimo de corazón a corazón en el que toda el alma se vacía en Dios mientras que Dios se vacía en ella para transformarla en Él* (L 278).

Por supuesto, aún no hemos llegado ahí. Estamos aún muy lejos, pero ¡si fuera eso a lo que estamos llamados! ¡Qué maravilla la oración!

Estar ahí con el Padre, el Hijo y el Espíritu para ver toda nuestra vida transformada

Es necesario que la oración no esté separada de la vida. Como dice Isabel de la Trinidad, es necesario *que mi vida sea una oración continua.* Esto quiere decir que después de este encuentro con Él volveré a mis actividades, responsabilidades, problemas y preocupaciones, pero intentaré vivirlas bajo la mirada de Dios, intentaré vivir la vida con Él, por Él y para Él. *Él está en mí, yo estoy en Él, no tengo más que amarlo, que dejarme amar, todo el tiempo y en todas las cosas* (L 177).

Este descubrimiento de la oración transformó mi vida. Durante años hice obras para Dios. Luego me di cuenta de que lo importante era hacer la obra de Dios. Isabel de la Trinidad me hizo descubrir que había que llegar aún más lejos: dejar que Dios hiciera su obra en mí y a través de mí. Esto es la fe. Creer que Dios me necesita y que hace su obra a través de mí. Pero ¿cómo quieres que le deje a Dios hacer su obra en mí si no cuento con el momento privilegiado del encuentro personal con Él en la oración? Y no importa lo más mínimo que esta hora de oración tenga lugar en medio del más místico fervor o de una total aridez. Lo que siento no tiene importancia, sino lo que el Padre, el Hijo y el Espíritu Santo realizan en mí cada vez que me dejo hacer por parte de ellos. Subo, me siento, estoy ahí, Él está ahí. Sí, estar ahí con Él, estar ahí por Él, estar ahí con los demás, estar ahí por los demás y decir con Isabel: *Que esté por entero allí contigo, completamente alerta en mi fe, en total adoración y del todo entregada a tu acción creadora, para gloria de Dios y para la salvación del mundo.*

noveno día

VIVIR EL MISTERIO DE LA EUCARISTÍA

Oh profundidad, insondable misterio, mi corazón se convierte en tu humilde sacramento: Ven a glorificar en él al Padre en el silencio y el recogimiento (P 91).

Por sus escritos, sabemos el lugar central que ocupa la Eucaristía en la vida de nuestra amiga. Sabemos también que todos los acontecimientos de su existencia se desarrollaron en un contexto eucarístico.

Isabel resumió su pensamiento sobre la Eucaristía en esta frase lapidaria que hay que empezar por meditar: *Me parece que nada como la Eucaristía expresa mejor el amor que hay en el corazón de Dios*. Se trata del amor trinitario que va del Padre al Hijo y del Hijo al Espíritu Santo, que los une. No podemos ni comprender ni vivir algo de la Eucaristía si antes no nos dejamos subyugar por el misterio esencial: Dios no está solo. Dios es familia. Dios es comunión. Dios es Padre, Hijo y Espíritu Santo. Isabel lo ha comprendido más que nadie, me atrevería a decir. Y sabe también, como nosotros, que en la Eucaristía se manifiestan verdaderamente las tres Personas de la Trinidad, que intervienen, cada una en su lugar, con su propia personalidad pero siempre juntas, puesto que una no puede hacer nada independientemente de las otras dos. Mediante la Eucaristía, nos dice Isabel, *el Verbo se derrama en el alma como en el seno del Padre, con el mismo éxtasis de infinito amor. Es el Padre, el Hijo y el Espíritu invadiendo el alma, deificándola, fundiéndola en el Uno por el amor* (NI 13).

¿Qué hace el Padre en la Eucaristía? Jesús responde: «Es mi Padre el que os da el verdadero pan del cielo» (Jn 6, 32). Hoy, Jesús, Hijo eterno del Padre, nos es dado por el Padre en cada Eucaristía. Nos es dado hoy con todo lo que es, todo lo que ha sido y todo lo que quiere aportarnos. Ahora recapitula para nosotros, en el eterno presente de Dios, todos los eventos de su vida, Él «que es, que era y que va a venir», como dice el Apocalipsis (1, 4). Toda la Trinidad actúa en la Eucaristía. Allí, el Padre se manifiesta en la plenitud de lo que es: Padre que, mediante el Espíritu, engendra a su Hijo amado, lo «manda al mundo», lo resucita y lo entrega a la humanidad... Y sigue actuando, después de la celebración, cuando el pan se ha convertido en el Cuerpo de su Hijo, al que adoramos en el Santo Sacramento del altar. Jesús está ahí, ante nosotros, para nosotros, porque el Padre lo está engendrando y enviando al mundo, resucitándolo, entregándolo a nosotros, a la Iglesia, a la humanidad... Y con toda razón podemos decir, como san Pedro: «Tú eres Cristo, el Hijo de Dios vivo».

¿Qué hace Jesús en la Eucaristía? Lo que hizo siempre en su vida terrena y en su vida trinitaria: ama a su Padre y nos ama a nosotros. Viene porque nos ama, viene para amarnos, viene para salvarnos. En la Eucaristía se esconde bajo apariencia de un poco de pan y de un trago de vino... Pero está ahí con toda su potencia salvadora... «Si uno come de este pan, vivirá para siempre; y el pan que yo le voy a dar, es mi carne por la vida del mundo» (Jn 6, 51). Isabel lo afirma: *Mi alimento es hacer la voluntad de aquel que me ha enviado. Nuestro Señor fue el primero en decirlo, y en comunión con Él, el alma entra en el ámbito de su alma divina y todo su ideal es realizar la voluntad de este Padre que nos ha amado con un amor eterno* (L 138).

¿Qué hace el Espíritu Santo en la Eucaristía? Todo lo que el Espíritu Santo hizo en la Virgen María, en el Cristo Jesús y en la Iglesia, lo realiza misteriosamente en plenitud al transformar el pan y el vino, que se convierten en el cuerpo y la sangre de Cristo. Toda la potencia de comunión del Espíritu Santo se manifiesta en esta Eucaristía: el pan y el vino se convierten en el mismo Jesús, el cual, en comunión con el Padre, está también en comunión con nosotros, con la Iglesia y con la humanidad. Tampoco ahí el Espíritu actúa solo. Es el Padre el que da este pan del cielo, es el Verbo, «por quien todo fue hecho», el que viene, se ofrece y se entrega; pero lo que hacen el Padre y el Hijo es forzosamente en el Espíritu... Toda la Trinidad entra en acción en la Eucaristía, y en ella, cada una de las personas divinas manifiesta lo que es en su originalidad... De la Trinidad a la Eucaristía hay un misterioso camino que recorren cada vez el Padre, el Hijo y el Espíritu, pero es un camino de ida y vuelta. Es el que debemos recorrer para ir de la Eucaristía a la Trinidad. Isabel lo sabe bien: *Toda la Trinidad reposa en nosotros, un Misterio que será nuestra visión en el cielo. Que sea nuestra clausura. Que tu vida discurra allí, y la mía también: soy Isabel de la Trinidad, es decir, Isabel que desaparece, que se pierde, que se deja invadir por los Tres* (L 172).

Isabel sabe que la Eucaristía es verdaderamente «la epifanía de la Trinidad»... Y conoce también los tres aspectos de la Eucaristía que la teología tradicional de la Iglesia ha proclamado siempre: la presencia real, el santo sacrificio y la comunión sacramental.

Presencia real: Él viene

Jesús viene en cada Eucaristía. Viene con todo su misterio, y su presencia misteriosa es esencialmente dinámica. Viene con todo lo que es en su divinidad, con todo lo que ha sido en su humanidad y con todo lo que será con nosotros en la eternidad. Isabel se une a Él durante y después de la celebración eucarística: *Recibirte cada día y, de una comunión a otra, vivir en unión contigo, en tu intimidad... Ah, es el paraíso en la tierra* (J 150). Le escribe a su madre y comparte con ella su experiencia: *¡Estoy tan contenta de que comulgues más a menudo! Ahí es donde encontrarás la fuerza* (L 87). Pasa largas horas ante el Santísimo Sacramento: *¡Si pudiera vivir siempre cerca de Jesús, mi único Amor!* (P 67).

Sacrificio de la misa: Él se ofrece

La Eucaristía es Jesús que se ofrece al Padre por amor a todos los hombres, haciendo actual, en el eterno presente de Dios, el sacrificio de la cruz. Al participar en la Eucaristía estamos llamados a ofrecernos con Jesús, uniendo la entrega de nosotros mismos a la donación de Cristo a su Padre, para la redención del mundo. Isabel lee en su querido san Pablo: «Ofreced vuestros cuerpos como una víctima viva, santa, agradable a Dios» (Rm 12, 1), y traduce: *Una carmelita es un alma que ha mirado el crucifijo, que lo ha visto ofrecerse como víctima a su Padre por las almas y, recogiéndose bajo esta gran visión de la caridad de Cristo, ha comprendido la pasión de*

Amor de su alma y ha querido entregarse como Él (L 133). Y realiza esto en el momento de su agonía: *El buen Dios se complace en inmolar su pequeña hostia, pero esta misa que Él dice conmigo, cuyo amor es el sacerdote, puede durar aún mucho tiempo. A la pequeña víctima no le parece largo el tiempo de la mano de Aquel que la sacrifica, y puede decir que, si es verdad que pasa por el sendero del sufrimiento, en mayor medida habita en el camino de la felicidad y de la verdad, querida mamá, aquella que nadie le podría arrebatar* (L 309). Verdaderamente Isabel celebra lo que vive y vive lo que celebra.

Comunión sacramental: Él se da

Isabel vive esta comunión sacramental con una extraordinaria reciprocidad. Para ella, la Eucaristía no es algo, sino Alguien; es Él, Jesús, *su Amor, su único amigo*. En esta hermosa poesía afirma: *Tiene hambre de comer a su maestro, sobre todo de ser comida por Él, de entregarle todo su ser a fin de que todo en ella esté invadido* (P 75). Para Isabel, la comunión eucarística *es la unión, la consumación, es Él en nosotros, nosotros en Él. ¿No es acaso el cielo en la tierra? ¿El cielo con la fe, en espera del cara a cara tan deseado?* (L 165).

Para gloria de Dios y para la salvación del mundo

Ya antes del Concilio Vaticano II Isabel descubrió y vivió la dimensión universal de la Eucaristía, a la vez presencia, sacrificio y comunión «para gloria de Dios y para la salvación del mundo». Y resume esto en esta célebre afirmación: *Ser salvador con mi maestro es mi misión. Para ello debo desaparecer, perderme en Él mediante la unión* (P 88).

Que Isabel de la Trinidad nos ayude a penetrar como ella en el insondable misterio de la Eucaristía.

VIVIR EL MISTERIO DE LA TRANSFORMACIÓN EN JESÚS

Verdaderamente, tú ya no eres tú, sino que te conviertes en Él mismo. La transformación tiene lugar en todo instante. Da gracias al Salvador por esta suprema voluntad, que tu alma se adentre en la adoración (P 93).

«Ya no vivo yo, sino que es Cristo quien vive en mí», afirma san Pablo a los Gálatas (2, 20). Isabel, en la misma línea, afirma de forma perentoria: *Debemos dejarnos transformar en Jesucristo* (DR 37). Aunque queremos admitirlo, la verdad es que a primera vista no vemos cómo puede realizarse esto en nosotros. Y sin embargo, éste es el fin de nuestra vida, aquello a lo que cada uno de nosotros está llamado. Pero para ello hace falta aceptar esta asombrosa noticia: Dios nos ama, Dios me ama personalmente. Me ama tal como soy, y me ama tanto... que quiere que me sienta feliz, con esa alegría que promete a los que creen en Él: «Os he dicho esto para que mi gozo esté en vosotros y vuestro gozo sea colmado» (Jn 15, 11). Me ama tanto que quiere venir a mí y hacer en mí su morada. Extraordinaria proximidad de Dios... *Vive dentro de ti con los Tres*, pide Isabel. Pero el amor de Dios va aún más lejos. No sólo Dios me ama, no sólo Dios habita en mí, sino que quiere convertirse en mí. Quiere –y es algo que supera toda expresión– que pueda decir o tener ganas de decir: «Ya no vivo yo, sino que es Cristo quien vive en mí». Éste es el núcleo del mensaje de Isabel y el núcleo del mensaje cristiano. Pero, desgraciadamente, demasiado a menudo nos quedamos en el camino, y los predicadores no tienen la osadía de proclamar esta inverosímil realidad. El día de su profesión solemne, Isabel mandó grabar por detrás de su crucifijo (¡un día sentí la emoción de tenerlo largo rato entre mis manos!) esta frase de san Pablo, que resume toda su vida: «Ya no vivo yo; es Cristo quien vive en mí».

Y es lo que busca con su oración: *Te pido que me sumerjas en ti, que me invadas, que ocupes tú mi lugar*... Nótese la inverosímil osadía de su petición: que ocupes tú mi lugar... Y también: *Que se produzca en mi alma una especie de encarnación del Verbo; que yo sea para Él una humanidad adicional en la que Él pueda renovar todo su misterio*.

No quiero ya vivir mi propia vida, sino ser transformada en Jesucristo (CF 12). Es algo que debería hacernos saltar, pero desgraciadamente nos acostumbramos a todo y vaciamos las palabras de sentido. *Quiero ser transformada en Jesucristo*.

¡Detengámonos y reflexionemos! Abramos el corazón a esta palabra maravillosa: *Hay que ser transformado en Jesucristo*. ¿Para eso existimos? Isabel me ha hecho entender la profundidad de la encarnación del Verbo. «Y el Verbo se hizo carne» (Jn 1, 14). Esta encarnación tuvo lugar hace veinte siglos en un país que llaman Palestina. Jesús nació de la Virgen María, fue un niño, un adolescente, un adulto, un crucificado que resucita una mañana de Pascua y sube al cielo el día de la Ascensión. Pero esta encarnación continúa, y el Verbo, que se encarnó en el hombre Jesús hace veinte siglos, quiere encarnarse hoy en cada uno de nosotros.

Jesús nunca fue madre, pero se está convirtiendo en madre a través de esas mujeres que se desviven al servicio de sus maridos y de sus hijos. Jesús nunca fue policía, pero lo es a través de ese policía que ha decidido vivir su difícil profesión como habría hecho Jesús en su lugar. Jesús nunca fue sacerdote en el siglo XXI, pero se convierte en sacerdote a través de mí, de mis hermanos sacerdotes... Para esto existo, para esto he sido elegido, hemos sido elegidos desde toda la eternidad... El hecho brutal de mis existencia es terriblemente misterioso. Existo y soy único. No hay nadie más que sea lo que yo soy: ¡sólo yo! He sido querido desde toda la eternidad para ser, en un tiempo y en un lugar determinados, otro

Cristo. *Que yo sea una humanidad adicional en la que Él pueda renovar todo su misterio*. Es formidable, todo se ilumina, aunque sea en la penumbra de la fe.

Por un decreto divino de su omnipotencia, Dios te ha predestinado desde la eternidad a fin de que seas pura y santa en su presencia y pueda reflejar su esplendor, su belleza (P 105). Acojamos esto, saboreémoslo, profundicemos en ello como una revelación extraordinaria. Es la última palabra de nuestro destino: ¡Él quiere que yo me convierta en Él! Quiere convertirse en mí: «Ya no vivo yo; es Cristo quien vive en mí...».

Hay que repetir, desde lo más profundo del corazón, lo que Isabel escribía ya en su *Diario*: *Tómame, toma mi voluntad, toma todo mi ser, que Isabel desaparezca, que no quede más que Jesús* (J 156).

Todo esto, querida mamá, no es sentimiento ni imaginación; es pura fe (L 236).

Este misterio de la transformación en Jesucristo no es una elucubración de Isabel de la Trinidad. Retoma todo san Pablo y todo san Juan. Cuando san Pablo nos dice: «Él es la cabeza y nosotros somos los miembros», es precisamente eso lo que quiere decir: como miembro de Jesucristo, expreso con mi vida la vida de Jesús. «Yo soy la vid, vosotros los sarmientos»: la misma vida circula por toda la vid. El día de mi bautismo fui incorporado a Jesucristo. Así lo recuerda Isabel: *Él sigue vivo y sigue obrando en nuestra al-*

ma. Dejémonos edificar por Él, que sea el alma de nuestra alma, la vida de nuestra vida (L 145). ¿Qué quiere decir el alma de mi alma y la vida de mi vida? El alma es la que hace que mi cuerpo viva, la que le da a mi cuerpo todo su sentido, y mi cuerpo expresa lo que es mi alma. Igualmente, es Jesús el que me hace vivir, el que me da su vida, y lo que hago, lo que vivo ahora, expresa o debería expresar a Jesús. Lo que el alma es para mi cuerpo, Jesús lo es para mi vida. O, si lo prefieres, lo que el Padre es para Jesús: de Él recibe todo su ser y su filiación maravillosa, y todo se lo restituye al Padre con un amor filial exclusivo. «Mi doctrina no es mía, sino del que me ha enviado»; «Amo al Padre y obro según el Padre me ha ordenado»; «Yo y el Padre somos uno» (Jn 7, 16; 14, 31; 10, 30).

Lo que Jesús es en relación con su Padre y lo que el Padre es respecto a Jesús, lo soy yo con respecto a Jesús y Cristo lo es con respecto a mí. Este descubrimiento me entusiasmó. ¡Ya está! Ya sé por qué existo, ya entiendo el sentido profundo de mi vida. Jesús en mí, yo en Él, pero no sólo como un habitar Él en mí o yo en Él, sino como una misteriosa identificación. Jesús me toma y me transforma y quiere que forme un todo con Él.

Es algo que nos sobrepasa, pero es verdad, y es tan formidable que lo cambia todo. *Debo ser transformado en Jesucristo*. Pero pronto surge una objeción: pero entonces, si Jesús ocupa mi lugar, si Jesús ocupa todo el lugar, ¿qué pasa conmigo? ¿Desaparecerá mi personalidad, será aniquilada, destruida? He aquí la respuesta: nada de eso, al contrario. Nunca soy tan yo mismo como cuando dejo que Jesús ocupe en mí todo el sitio.

Isabel lo expresa bien en su oración: *Te pido que ocupes tú mi lugar para que mi vida no sea más que un resplandor de tu vida.* No dice «el resplandor», pues ninguna persona humana es capaz de expresar por sí sola toda la persona de Jesús, sino «un» resplandor. Y si todos nos ponemos a ello, con cada una de nuestras personalidades, Jesús podrá manifestar todos los aspectos, todas las facetas de la suya. Todos juntos en la Iglesia seremos el resplandor de su vida, nos convertiremos en el cuerpo místico de Cristo.

Él es el alma de nuestra alma, la vida de nuestra vida. Debemos ver nuestra vida de esta manera. Seguimos siendo nosotros mismos, pero es Otro el que ha tomado las riendas de nuestra existencia. Es Otro el que realiza en mí lo que no soy capaz de realizar por mí mismo.

Entonces, ¿qué es lo que nos pide? Poca cosa: que creamos, que nos olvidemos de nosotros mismos y nos dejemos hacer.

Ayúdame a olvidarme enteramente..., pide nuestra amiga en la oración. «Es preciso que él crezca y que yo disminuya», decía Juan Bautista. La fe sólo vale si llegamos hasta el final. Si nos paramos a mitad de camino, no vale de nada. No rechacemos este regalo: «convertirnos en otro Cristo», la realidad más maravillosa que se nos pueda proponer. Lo que Jesús hizo durante los treinta y tres años de su vida carnal, lo realiza, si queremos, en nosotros. Él estuvo completamente vuelto hacia su Padre. Yo también voy a ser otro Cristo para gloria de Dios, como Él, con Él y en Él, todo en el mismo gesto. Jesús vino para salvar a los hombres. Si me convierto en otro Cristo, puedo salvar el mundo con Él, a los seis mil millones de personas que me rodean a día de hoy. *Ser salvador con mi Maestro es también mi misión. Para ello debo desaparecer, perderme en Él mediante la unión.*

VIVIR EL MISTERIO DE LA VIRGEN MARÍA

Acerquémonos a la Virgen María, purísima, luminosísima, a fin de que nos introduzca en Aquel que tan profundamente conoció, y que nuestra vida sea una comunión continua, una moción muy sencilla hacia el buen Dios (L 165).

Como dice la propia Isabel en numerosas ocasiones, tiene un gran amor por la madre de Jesús. Hoy voy a intentar hacerte descubrir la «devoción» de Isabel de la Trinidad a la Virgen María. Isabel lo resume en una frase: *Acerquémonos a la Virgen María, purísima, luminosísima, a fin de que nos introduzca en Aquel que tan profundamente conoció* (L 165). Con la Virgen María contemplaremos el misterio esencial: «El Verbo se hizo carne... y habitó entre nosotros».

La Virgen María es una mujer, una mujer de nuestra raza, miembro como nosotros del pueblo de Dios. Pero esta mujer es la madre de Dios porque es la madre de Jesús, que es Dios: *El Padre, al inclinarse sobre esta criatura tan hermosa, tan ignorante de su belleza, quiso que fuese en el tiempo la Madre de Aquel de quien Él es Padre en la eternidad* (CF 39).

Por ser madre de Dios, María se convierte en madre nuestra: *Hay un corazón de Madre en el que podéis acurrucaros: el de la Virgen* (L 134).

Rezarle a la Virgen con confianza

Isabel nos invita a confiarle a la Virgen María nuestros dolores, dificultades, inquietudes y angustias. Ella los comprende, pues ha pasado por ellos antes que nosotros. *Hoy me he vuelto a consagrar a ella y de nuevo me he arrojado en sus brazos. Con la más completa confianza, le he encomendado mi futuro, mi vocación* (J 2).

Isabel le reza a la Virgen María por ella, pero también por todas las intenciones que le confían.

La vida no siempre es fácil. ¡Cuántas dificultades, pruebas y duelos, al lado de las alegrías y satisfacciones de nuestra vida! la Virgen María ha pasado por todo esto. Isabel lo sabe y saca sus conclusiones. Tenemos que rezarle a María con confianza.

Contemplar a María con fervor

Tanto para Isabel como para nosotros, la Virgen María es nuestro modelo, modelo de fe, de vida interior, de disponibilidad, de caridad.

La fe consiste en entregarse enteramente y libremente a Dios: «Vas a concebir en el seno y vas a dar a luz un hijo» (Lc 1, 31). Humanamente no es posible: «No conozco varón». Pero Dios habla: «El Espíritu Santo vendrá sobre ti». Y entonces María pronuncia su *fiat*: «He aquí la esclava del Señor». No comprende nada, pero confía y acepta. En nuestra vida de todos los días, los acontecimientos nos atropellan, y muy a menudo no entendemos por qué nos pasa eso o cómo va a poder realizarse. Aceptar la voluntad de Dios en nuestra vida, confiar en el Padre, en el Hijo y en el Espíritu cuando todo parece estar bloqueado y cuando humanamente no queda ya esperanza... Esto es la fe en nuestra vida, a ejemplo de la Virgen María.

Modelo de fe, María es también modelo de las almas interiores: María se recoge, se repite interiormente las palabras que ha oído, vive en silencio, en presencia de Dios. Reza. *En toda circunstancia, la Virgen era siempre la adoradora del don de Dios* (CF 40).

En nuestra vida de todos los días hay tanto ruido, tantas preocupaciones, tantas ocasiones de alterarse, quizá de pelearse... Nos dejamos llevar por todo lo que hay que hacer. No tenemos tiempo para nada. Saber pararse, como la Virgen María, a reflexionar, meditar y rezar. Recobrar el sentido profundo de la vida. Saber que somos amados y dejarnos amar. Hoy no podemos llevar una vida cristiana auténtica si no custodiamos esta vida interior, esta vida «dentro», de la que María es un ejemplo maravilloso.

María es también, para nosotros, modelo de disponibilidad: «He aquí la esclava del Señor», le respondió al ángel. Y toda su vida ilustra esta palabra. Disponible quiere decir que no piensa en ella, que se olvida, que quiere estar al servicio de Dios y de los hombres...

María acepta ver en los acontecimientos la voluntad de Dios, y lo hace hasta el final, en el momento del arresto de Jesús, de su pasión y de su muerte en la cruz. No comprende, sufre el martirio, pero acepta... «He aquí la esclava del Señor».

¿Aceptamos nosotros ver en los acontecimientos la voluntad de Dios? ¿Tratamos de vivir estas pruebas con Él y por Él? ¿Estamos disponibles, tal como la Virgen María nos sirve de modelo?

María es además modelo de caridad. Porque quiere amar a Dios con todo el corazón, la Virgen María ama a los demás, ama a su prójimo como Jesús nos pide. María e Isabel... María va corriendo por las montañas para ponerse al servicio de su prima. María en Nazaret. Madre atenta al servicio de todos. María en Caná. Enseguida ve lo que no va bien y se las arregla para sacar del apuro a aquella gente. María al pie de la cruz. Acompaña a Jesús hasta el final, con toda la valentía de su amor materno. María con los apóstoles. En el cenáculo, reza con ellos y por ellos. Isabel da la razón profunda de la caridad de la Virgen María, siempre presente cuando se la necesita: *Jesús y María se aman tanto: todo el corazón del uno se derrama en el otro* (L 188).

¿Y nosotros? ¿Replegados en nosotros mismos, en nuestros problemas, dificultades, pruebas... o atentos a escuchar, comprender, ayudar, sacar de apuros, consolar...?

Dejar que la Virgen engendre a Cristo en nosotros por el Espíritu

La tarea materna de la Virgen María es, con el Espíritu Santo, permitir que el Padre engendre a Cristo en nosotros. Es verdad, pero la maternidad de María va mucho más lejos: es la madre que da a luz el cuerpo místico de Cristo en el mundo de hoy: la Virgen es nuestra madre, la madre de la Iglesia, la madre de todos los hombres. Isabel de la Trinidad insiste en los dos aspectos de este misterio... Es Jesús el que, con María, engendra a la Iglesia y mediante ella salva al mundo y, al mismo tiempo, Jesús y la Virgen cuentan con nosotros para salvar el mundo de hoy, para hacer que crezca la Iglesia, que es el cuerpo místico de Cristo. En la cruz, Jesús dio a su madre a san Juan, pero sobre todo y ante todo, dio a su madre a la humanidad, y la humanidad a su madre.

María se convierte, por voluntad de Cristo crucificado, en madre de todos los hombres. Y ella, con el Padre por medio del Espíritu, les lleva desde entonces la salvación de Dios, obtenida por Cristo al morir y resucitar. La maternidad de María es una maternidad colectiva, comunitaria, planetaria, cósmica... Da Dios al mundo y lleva el mundo a Dios. Jesús salva el mundo, pero quiere la colaboración de su madre, dice Isabel, para esta gran obra de la redención. *Oh, qué hermoso es contemplarla durante su largo martirio, tan serena, envuelta en una especie de majestad que expresa a la vez fortaleza y dulzura... Es que ella había aprendido del mismo Verbo cómo deben sufrir los que el Padre ha elegido como víctimas, los que Él ha resuelto vincular a la gran obra de la redención, los que Él ha conocido y predestinado para que sean conformes a su Cristo, crucificado por amor* (DR 41).

Y ¿qué tiene que ver conmigo?, podríamos preguntarnos. Isabel responde: *Esta alma debe estar resuelta a participar efectivamente en la pasión de su Maestro. Es un alma redimida que debe redimir a su vez otras almas* (DR 13).

Ofrecer el dolor y unirlo al de Jesús crucificado es para Isabel y para nosotros, misteriosamente, la mejor forma de salvar el mundo de hoy... María se mantuvo firme a los pies de la cruz. Era su apostolado mediante el dolor. Pero Isabel sabe bien –y lo comprueba en la vida de la Virgen María– que no es solamente con el dolor, sino con toda su vida, como debe salvar a los hombres de hoy. Quiere ser *sacramento de Cristo. En contacto con Él nuestra alma será como una llama de amor que se expande por todos los miembros del cuerpo de Cristo que es la Iglesia* (L 250).

Cristo y la Virgen María nos piden nuestro compromiso, como dice Isabel, en *la gran obra de la redención*. Lo cual quiere decir que tenemos que dar testimonio en nuestra vida concreta, en nuestra vida familiar, profesional, social, sindical y política, en la vida parroquial y eclesial... El misterio de la Virgen es el misterio que resume toda nuestra fe y que resume toda nuestra vida. Lo que fue la Virgen María, podemos serlo nosotros; lo que ella hizo, podemos hacerlo nosotros; lo que nos pide, ella nos ayuda a cumplirlo.

duodécimo día

VIVIR EL MISTERIO DE LA ALEGRÍA

Sólo Jesús puede satisfacerme. Él es mi tesoro, mi único bien. Sólo cerca de él soy feliz. Él es mi vida y mi amor (P 67).

«Os he dicho esto para que mi gozo esté en vosotros y vuestro gozo sea colmado» (Jn 15, 11).

Todo el Evangelio es una Buena Nueva marcada por las Bienaventuranzas: ¡Bienaventurados, bienaventurados, bienaventurados! Isabel ha captado el mensaje y lo vive a fondo. Es feliz. Ha encontrado el secreto de la felicidad y lo dice y lo escribe a quien quiera oírlo. Ha descubierto experimentalmente que la felicidad no está forzosamente donde los hombres quieren encontrarla, y nos hace partícipes sencillamente de su certeza, aunque ésta sea tremendamente paradójica: *Me parece que los bienaventurados de este mundo son los que tienen el suficiente desprecio y olvido de sí mismos para elegir la cruz y así compartirla. Cuando uno sabe poner su alegría en el dolor, ¡qué deliciosa paz!* (GV 6). Muy a menudo Isabel dice a los destinatarios de sus cartas que ha encontrado el secreto de la felicidad. Tratemos de ver a través de su vida y escritos en qué consiste para ella este secreto. Parece que se puede resumir en cuatro puntos: alegría de vivir, alegría de creer, alegría de amar y alegría de sufrir.

Alegría de vivir

Isabel Catez se nos muestra en su juventud llena de vida, de dinamismo y felicidad. Se agarra con uñas y dientes a la vida, y le gusta. No hay más que leer sus «cartas de juventud» para convencerse de ello. Le encantan los viajes, y hace de ellos descripciones entusiastas. *Nos quedamos en un éxtasis mudo ante aquellas montañas que me encantan y que no habría dejado nunca* (L 15). Le gustaba todo lo hermoso, desde las flores a las cumbres nevadas y las obras maestras hechas por la mano del hombre.

Era muy dada a la música, hasta el punto de que su madre soñaba con ver a su hija hacer carrera profesional. A los 13 años consigue el primer premio de piano en el conservatorio de Dijon. El periódico dice al día siguiente: «La señorita Catez, alumna del Sr. Dietrich, ha ejecutado su pieza con una maestría que se ganó a toda la sala». En vacaciones confiesa: *Aquí hago mucha música. Mi amiga tiene un excelente piano de cola que me encanta. Tiene sonidos soberbios y me pasaría horas ante él* (L 11). Le gusta salir. Siendo hermosa, está siempre rodeada, cosa que le gusta. Se reconoce coqueta y confiesa su alegría por haber recibido *de una vieja amiga de su abuela unas sortijas de oro muy bonitas con turquesas* (L 13). Muchos chicos revolotean a su alrededor. Le proponen *un partido magnífico que nunca volveré a ver.* Se muestra *indiferente ante esta tentadora proposición. Mi corazón no está disponible; se lo he entregado al Rey de los reyes. No puedo disponer de él* (J 124).

Esta alegría de vivir, de viajar, de bailar y de salir la sacrifica por una alegría más alta, la de amar a Aquel que la llama a dejarlo todo.

Alegría de creer

Ha conocido a Alguien, Alguien que le ha declarado su amor y a quien amará con todo el corazón, con toda el alma, con todas sus fuerzas y por encima de todo. Este Alguien es Jesús, el Hijo de Dios, con el Padre y el Espíritu Santo. *Es mi Amado. En Él amo, soy amada y lo tengo todo.* En el carmelo repite a sus amigas la felicidad de ser toda suya: *¡Vivamos con el divino Esposo en un diálogo ininterrumpido de corazón a corazón! ¡Qué dulce es ser suya! Cada día comprendo mejor mi felicidad* (L 303).

No es una felicidad fácil, pero no por ello es menos grande. *Puede haber desgarros para el corazón, pero en el alma reina una paz inefable, una felicidad que no se parece a las de aquí abajo* (L 171).

Sobre todo dice a todas sus amigas que no es necesario entrar en el Carmelo para conocer la alegría prometida por Jesús. Sean cuales sean las circunstancias particulares de nuestra vida, *la suavidad de su amor y de su presencia es lo que transforma, lo que ilumina la vida, es el secreto de la felicidad* (L 175).

Ésta es la felicidad de Isabel. La que se nos propone si, como ella, sabemos amar. *Si me preguntasen el secreto de la felicidad, diría que es no tenerse en cuenta uno mismo, negarse todo el tiempo* (GV 4). Cosa nada fácil, y sin embargo es lo que Jesús nos prometió: «El que pierda su vida por mí...».

Alegría de amar

¡Oh, qué bueno es amar! Es nuestro oficio en el Carmelo (L 93). Esta felicidad de amar la conoce amando a Aquel de quien afirma: *Amo tanto a este Dios que está celoso de tenerme sólo para Él* (L 177). *Lo amo apasionadamente, y al amarlo me transformo en Él* (L 130). Antes de entrar en el Carmelo, ya decía: *Jesús mío, Dios mío, qué bueno es amarte, ser completamente tu-*

ya (NI 5). Llega incluso a decir en su *Oración*: *Quisiera amarte hasta morir*.

Alegría de sufrir

Ahora comprendemos por qué Isabel de la Trinidad encuentra su alegría –una alegría misteriosa pero muy real– donde uno no se lo esperaría: en el sufrimiento. De entrada nos advierte: *No puedo decir que ame el dolor en sí mismo, sino que lo amo porque me hace conforme a Aquel que es mi esposo y mi amor* (L 317).

Para ella, el dolor, en todas sus formas –y Dios sabe que Isabel de la Trinidad ha sufrido– nunca es un fin en sí mismo, sino un medio, un medio de amar, un medio que permite amar más. El sufrimiento purifica, nos obliga a encontrar lo esencial, el sentido profundo de nuestra vida. Estamos hechos para cumplir la voluntad de Dios. Hay que aceptarla tal cual, con sus alegrías y dolores. Cada dolor, sea físico, moral o espiritual, es una llamada a desprendernos de todas las satisfacciones, que tanto nos importan, para apegarnos a Dios mismo. Isabel lo dice en una frase: *Este bendito sufrimiento purifica mi alma, que quieres unir a ti aún más profundamente* (NI 11).

El dolor es el signo del amor: se trata de amar a Aquel que la ha amado primero y de aceptar sufrir y morir. El sufrimiento de Isabel, aceptado y ofrecido, es participación en el sufrimiento de su *Cristo amado, crucificado por amor. El maestro ha elegido a tu hija, el fruto de tus entrañas, para que tome parte en su gran obra de redención. Y sufre en ella como extensión de su pasión* (L 309). En esta admirable carta a su madre retoma los términos de su oración «Oh Dios mío, Trinidad a quien adoro»:

La esposa es del esposo, el mío me ha arrebatado. Quiere que yo sea para Él una humanidad adicional en la cual Él pueda seguir sufriendo para gloria del Padre y para ayudar a las necesidades de la Iglesia. Este pensamiento me hace mucho bien (L 309). Isabel puede decir: *A la pequeña víctima no le parece largo el tiempo de la mano de Aquel que la sacrifica, y puede decir que, si es verdad que pasa por el sendero del sufrimiento, en mayor medida permanece en el camino de la felicidad, querida mamá, de esa felicidad que nadie le podría arrebatar* (L 309). *Pruebo, experimento alegrías desconocidas. La alegría del dolor ¡qué dulce y suave es!* (L 324).

Aquí estamos en lo más íntimo del misterio de la cruz, «escándalo para los judíos, locura para los paganos». Muchos se asombran de esta insistencia de Isabel en la necesidad de *tomar parte en los sufrimientos de su Esposo crucificado*, de su deseo *de ir con Él a su pasión para ser redentora con Él.* Pero todos debemos aceptar su testimonio: ella ha encontrado en el dolor, aceptado y ofrecido, la verdadera alegría, el secreto de la felicidad.

Se trata de la alegría más alta, la alegría misma de Dios, esa alegría que es obra del Espíritu de amor, la alegría que Jesús nos prometió. Juan Pablo II lo proclamó el día de la beatificación de nuestra amiga, el 25 de noviembre de 1984, en la basílica de San Pedro de Roma: «Isabel de la Trinidad es un testigo resplandeciente de la alegría de estar arraigados en el amor».

Pidámosle a Isabel que conozcamos la alegría de vivir, la alegría de creer, la alegría de amar y, por qué no, un día también la alegría de sufrir... con Él, por Él, como Él, para gloria de Dios y para la salvación del mundo.

VIVIR EL MISTERIO DE LA VIDA ETERNA

El cielo es la casa del Padre; allí nos espera como a hijos amados que vuelven al hogar después de un tiempo de exilio. Y para llevarnos allá, Él mismo se hace nuestro compañero de viaje (L 295).

Mientras espero contemplar en tu luz el abismo de tus grandezas (NI 15). Esta afirmación que concluye la célebre oración de Isabel la he experimentado misteriosamente y tengo ganas de aportar aquí mi testimonio. A continuación diré cómo Isabel de la Trinidad comprendió y vivió el misterio de la vida eterna.

«Nuestra alma es inmortal». Por supuesto, yo lo sabía desde hacía tiempo, mi inteligencia me lo había afirmado, me lo había explicado, mi fe me lo había hecho entender. Pero por una gracia extraordinaria, sin ningún mérito por mi parte, acabo de experimentarlo. Este testimonio es estrictamente personal. No sé cómo reaccionan los demás al acercarse la muerte. Comprendo bien, por ejemplo, que una madre, que deja detrás marido e hijos de corta edad, no pueda tener la misma actitud que yo, que soy soltero. He aquí cómo me sucedió a mí.

Un día me desperté con una terrible crisis de angina de pecho. Comprendí que iba a morir y llamé como pude a los bomberos. La ambulancia me llevó agonizante al hospital. Al cabo de unos días de cuidados intensivos, me encontré convaleciendo en una casa de reposo en la que, una mañana, sufrí otra crisis que no podía sino ser mortal... ¡Me dolía tanto! En el hospital cardiológico de Lille fui operado a corazón abierto el 12 de mayo. Todo fue bien. Para confirmar los buenos resultados, ingresé en una clínica especializada en reeducación funcional cardíaca. Al día siguiente de mi llegada, en plena noche y sin ningún signo precursor, sufrí un edema pulmonar agudo que debía ser fatal. Por tercera vez en un mes estaba seguro de que no iba a salir.

Cada vez tuve la misma experiencia. Un sufrimiento físico terrible con un solo deseo: que disminuyese, que parase gracias al tratamiento prodigado por los médicos, que estaban a mi cabecera. Y al mismo tiempo, una certeza absoluta: «Ya está; se acabó la vida terrena; ahora empieza la otra, la vida eterna. ¡Es maravilloso! Dentro de unos minutos te voy a ver, Dios mío, Padre, Hijo y Espíritu Santo. Voy a encontrarme con todos los que he amado». Y rápidamente, en lo más profundo del dolor: «¡Piedad, Dios mío, haz que me duela menos...! ¡Haz que salga de ésta!». Un vaivén sorprendente entre la alegría misteriosa de un encuentro ya próximo y el instinto de conservación, que me empujaba a pensar: «Van a llegar a tiempo. Me van a quitar este dolor insoportable. Me voy a curar». Y enseguida: «Es formidable. Ya está, voy a ver a Dios...». Pero mi hora no había llegado todavía.

Al final de una larga convalecencia volví a mi domicilio y retomé la actividad, pero debo precisar que había cambiado mucho. El ver de cerca el cielo por tres veces me dio una certeza que quiero compartir: ¡tengo un alma inmortal! Durante la agonía pasé por los últimos instantes de mi vida terrena. Sabía que ésta dependía de este pedazo de carne, mi corazón, que iba a dejar de latir con toda seguridad. Mi cuerpo moriría con él, pero mi alma era inmortal. Mi cuerpo podía morir, pero mi alma estaba viva. Iba a proyectarse hacia Dios... ¡Ya está! Mi vida terrena había terminado; comenzaba la eterna. Había llegado el momento de «pasar de este mundo al Padre», que me esperaba y me tendía los brazos.

Esto lo viví cada vez en un instante, sin una frase, pero con una asombrosa certeza que hoy puedo traducir de esta manera: «Ahora todo termina y todo comienza. Voy a morir, pero es para vivir contigo, Dios mío». Está claro: tengo un alma inmortal y ¡qué importa que mi cuerpo sea destruido!... «No muero, entro en la vida», decía Teresa del Niño Jesús.

Qué suave y dulce la muerte

Isabel vivió su vida, su corta vida, en tensión hacia el término de la existencia humana, ese encuentro con Dios en el esplendor del cielo. Cuatro meses antes de su muerte, estando ya en la enfermería del carmelo, le escribe a su amiga Germana de Gemeaux: *En la tarde de Ramos tuve una crisis muy fuerte y creí que había llegado la hora de volar a las regiones infinitas para contemplar sin velos a esta Trinidad que ya fue mi morada aquí abajo. [...] Qué suave y dulce la muerte para las almas que no han amado más que a Él. [...] Me sentía tan feliz de morir carmelita...* (L 278).

Así tranquiliza a una señora con tendencia depresiva: *Así que no tema en absoluto esa hora por la que todos debemos pasar. La muerte, querida señora, es el sueño del niño que se queda dormido sobre el pecho de su madre. Por fin la noche del exilio habrá terminado para siempre y entraremos en posesión de la herencia de los santos en la luz* (L 224). No por ello deja de pensar que la muerte es «contraria a la naturaleza»; cosa que ella explica así: *¡Qué solemne es la hora en que me encuentro! El más allá es sobrecogedor. Me parece vivir en él ya desde hace tiempo, y sin embargo es lo desconocido. ¡Cuánto hay que rezar por los moribundos! De buen grado me pasaría la eternidad a su lado para asistirlos, pues la muerte tiene un algo temible* (S 255).

Isabel, como sabemos, estuvo muy marcada por santa Teresa del Niño Jesús, y se comprende que a la madre Germana, su priora –como dice ella misma en una nota de los *Recuerdos*–, le dieran ganas de preguntarle «cómo pensaba ella pasar la eternidad y si, a instancias de la "pequeña Teresa", volvería a la tierra para el bien de las almas». Isabel respondió: *¡Oh, no, claro que no! En cuanto llegue a las puertas del Paraíso me lanzaré como un cohete al seno de «mis Tres», pues una alabanza de gloria no puede tener otro sitio en la eternidad; y allí me hundiré cada vez más...* Luego, al cabo de una corta pausa, con los ojos cerrados y las manos juntas, añade: *Pero si el buen Dios me concede algo de crédito, me parece que en el cielo mi misión será atraer a las almas al recogimiento interior.*

Ahí volvemos a encontrar la doble moción que caracterizó toda la vida y la espiritualidad de Isabel de la Trinidad, completamente vuelta hacia Dios: *Allí me hundiré cada vez más*, y al mismo tiempo completamente vuelta hacia los demás: *Atraer a las almas...* Ya lo había explicado en una carta a la hermana Marie-Odile, el 28 de octubre de 1906: *Me parece que en el cielo mi misión será atraer a las almas ayudándolas a salir de ellas mismas para adherirse a Dios con un impulso sencillo y amoroso, y custodiarlas en ese gran silencio interior que permite que Dios se grabe en ellas y las transforme en Él. Querida hermanita de mi alma, me parece que ahora veo todas las cosas a la luz del buen Dios* (L 335).

Qué consuelo para nosotros, marcados tan a menudo por el clima materialista de este mundo que piensa y dice, con un lenguaje trivial: «Si estás muerto, estás perdido», qué consuelo oír a Isabel de la Trinidad repetirnos: *La perspectiva de ir a ver a Aquel que amo en su inefable belleza, y de abismarme en esa Trinidad que ya fue mi cielo aquí abajo, me da una alegría inmensa en el alma* (L 271). Que ella nos ayude a releer el Evangelio para comprender la Buena Nueva: «Me voy a prepararos un lugar para que, allí donde estoy yo, estéis también vosotros». Isabel lo dijo unos días antes de marchar: *Voy a la luz, al Amor, a la vida.*

decimocuarto día

VIVIR HOY LA ORACIÓN DE ISABEL

¡Oh Dios mío, Trinidad a quien adoro! Ayúdame a olvidarme totalmente de mí para establecerme en ti inmóvil y serena, como si mi alma estuviera ya en la eternidad. Que nada pueda turbar mi paz ni hacerme salir de ti, oh mi Dios inmutable, sino que cada momento me adentre más en la profundidad de tu Misterio. Pacifica mi alma, haz de ella tu cielo, tu morada predilecta y el lugar de tu descanso. Que nunca te deje allí solo, sino que esté por entero allí contigo, completamente alerta en mi fe, en total adoración y del todo entregada a tu acción creadora.

¡Oh mi Cristo amado, crucificado por amor! Quisiera ser una esposa para tu Corazón; quisiera cubrirte de gloria; quisiera amarte... hasta morir de amor. Pero siento mi impotencia, y te pido que me «revistas de ti mismo», que identifiques mi alma con todos los movimientos de tu alma, que me sumerjas en ti, que me invadas, que ocupes tú mi lugar, para que mi vida no sea más que

un resplandor de tu Vida. Ven a mí como Adorador, como Reparador y como Salvador.

¡Oh Verbo eterno, Palabra de mi Dios! Quiero pasar mi vida escuchándote, quiero ser toda dócil a tu enseñanza para aprenderlo todo de ti. Y en medio de todas las noches, de todo vacío y de toda mi ineptitud, quiero vivir con los ojos clavados en ti sin apartarme nunca de tu inmensa luz. ¡Oh mi Astro querido! Fascíname de manera que ya nunca pueda salirme de tu resplandor.

¡Oh Fuego devorador, Espíritu de Amor!, «ven a mí» para que se produzca en mi alma una especie de encarnación del Verbo: que yo sea para Él una humanidad adicional en la que El pueda renovar todo su misterio.

Y tú, ¡oh Padre!, inclínate sobre esta pobre criaturita tuya, «cúbrela con tu sombra» y no veas en ella más que a tu «Hijo predilecto, en quien has puesto todas tus complacencias».

¡Oh mis Tres, mi Todo, mi Bienaventuranza, Soledad infinita, Inmensidad en la que me pierdo! Me entrego a ti como víctima. Sepúltate en mí para que yo me sepulte en ti, mientras espero contemplar en tu luz el abismo de tus grandezas.

Hemos querido pasar 15 días con Isabel de la Trinidad tratando de vivir cada vez una faceta de lo que ella misma vivió.

Ahora necesitamos dejarnos llevar por el soplo de su oración «¡Oh Dios mío, Trinidad a quien adoro!», que es la mejor expresión de toda su espiritualidad, el resumen de su mensaje.

Esta oración no le fue inspirada de una sola vez, el 21 de noviembre de 1904, como si «le cayera del cielo», sino que tiene su historia. Es fruto de lo que vivió en su pasado de jovencita, en Dijon, en su pasado reciente en el carmelo, en septiembre, octubre y noviembre de 1904 y, más precisamente, en ese día 21 de noviembre de 1904.

Isabel tenía 24 años cuando compuso esta oración. Llevaba cuatro meses de carmelita, pero era contemplativa desde hacía ya tiempo. Recordemos su diario, sus poesías, sus cartas de juventud y las que escribió en el carmelo.

Del 25 de septiembre al 6 de octubre de 1904, Isabel hace un retiro personal de 10 días, y le escribe a Guite: *Tengo tanta felicidad en el alma que necesito venir a decírtelo... Esta noche parto para mi gran viaje: diez días de pleno silencio, de soledad absoluta, muchas horas de oración suplementaria: ¡es un programa muy atractivo!* (L 211). Unas semanas más tarde, del 12 al 21 de noviembre, participa en un retiro comunitario, predicado por el padre Fages, sobre *esta figura hermosa, amable, adorable entre todas que se llama Jesucristo*. El 21 de noviembre es la fiesta de la Presentación de María en el Templo. Terminada la Eucaristía, después de una última homilía del padre Fages, las carmelitas iban al oratorio situado detrás de la capilla y renovaban cada año sus votos religiosos ante el Santísimo Sacramento expuesto. Se ofrecían de nuevo, en cierto modo, a Dios. Aquel día no se trabajaba, y el Santísimo Sacramento quedaba expuesto, como todos los domingos, hasta las 5 de la tarde. Isabel pasó allí largas horas. Sin duda fue aquella tarde entre las 8 y las 9 cuando escribió su oración, en un día dedicado a María, al final del retiro y después de haber pasado largos ratos de oración a los pies de Jesús.

Esta oración no fue escrita para nadie, sino que fue encontrada entre otros papeles después de su muerte. Retirada a su celda, pobre, sin calefacción, sentada en su silla, aquella noche del 21 de noviembre (puso la fecha), con su escritorio sobre las rodillas, a la luz de su lámpara de petróleo, se puso a escribir. No parece que hiciera un borrador, sino que lo escribió casi de un tirón, sin apenas tachones, en una hoja arrancada de un cuaderno que aún existe...

Escribe con el corazón, con su fe, y, conscientemente o no, se inspira en el acto de ofrecimiento al Amor misericordioso de Teresa de Lisieux, y también, en menor proporción, en la *Oración* de santa Catalina de Siena...

Una oración que, muy poco después de su muerte, dará la vuelta al mundo y se nos propone hoy en concreto. Esta admirable oración la puedes decir, comentar y vivir tú solo en el santuario íntimo de tu corazón, pero quiero ayudarte con Isabel a descubrir mejor toda su riqueza.

Observa en primer lugar que en esta oración hay un movimiento, un ritmo extraordinario. El punto de partida es esta afirmación: *¡Oh Dios mío, Trinidad a quien adoro!* Isabel le pide a Dios que la adentre cada vez más en la profundidad de su misterio... Se dirige a Jesús: *¡Oh mi Cristo amado, crucificado por amor!* y le expresa los tres deseos que tiene en su corazón: *Quisiera... quisiera... quisiera...* E inmediatamente la frase bisagra: *pero siento mi impotencia y te pido...* Y luego expresa lo que quiere en tres afirmaciones perentorias: *quiero... quiero... quiero...* A continuación se dirige al Espíritu Santo: *¡Oh Fuego devorador, Espíritu de Amor!...*, luego al Padre y, por último, termina con una declaración trinitaria con la que culmina esta maravilla: *¡Oh mis Tres, mi Todo, mi Bienaventuranza... Me entrego a ti como víctima.* Y la oración estalla en una especie de apoteosis: *...mientras espero contemplar en tu luz el abismo de tus grandezas.*

decimoquinto día

«OH DIOS MÍO, TRINIDAD A QUIEN ADORO»

En lugar de comentar este admirable texto verso por verso o palabra por palabra, quisiera sólo subrayar el clima en que se desarrolla esta oración... Es una oración trinitaria en la que nos vemos embargados por la admiración, la alegría y la confianza, aliviados por una generosidad sorprendente, para desembocar por último en la unión, en la comunión con el Padre, el Hijo y el Espíritu Santo, ahora y por siempre.

Una oración trinitaria

El objeto de la oración se da desde la primera frase: *Oh Dios mío, Trinidad a quien adoro*. Isabel de la Trinidad se dirige a toda la Trinidad: *Este misterio adorable de caridad* (L 185) *que será nuestra visión en el cielo* (L 172).

Oh Dios mío, dice primero, subrayando la unidad de las tres personas divinas en un solo Dios, e insiste: *Oh Dios mío*. Detengámonos ante todo en la enormidad de esta afirmación, a la que corremos el riesgo de acostumbrarnos. *Oh Dios mío* significa que Dios es mío, ¡que poseo a Dios, que puedo poseer a Dios! Y Él acepta. Lo quiere... *¡Oh Dios mío!*

A continuación se dirige a cada una de las tres personas divinas en una enumeración que no es habitual: primero a Cristo, luego al Espíritu y por último al Padre, y vuelve a la unidad en el último párrafo diciendo: *¡Oh mis Tres, mi Todo...!*

Toda la oración es trinitaria y nos adentra en el misterio fundamental. Dios no está solo; es familia, es relación, es comunión. Es Tres: Padre, Hijo y Espíritu Santo, y es Uno en el amor que los une.

Decir esta oración es zambullirse en el misterio esencial, es comenzar a vivir de esta vida trinitaria *sepultándome por así decir en el fondo de mi alma a fin de perderme en la Trinidad que vive en ella, para transformarme en ella* (L 185). Por lo mismo, decir esta oración es entrar con Isabel en una actitud de adoración hecha al mismo tiempo de respeto, agradecimiento y amor. *¡La adoración, ah, es una palabra del cielo! Me parece que se podría definir como el éxtasis del amor* (DR 21). Y esta adoración no se vive sólo en el momento privilegiado de la oración, sino durante toda la vida.

Oh Dios mío, Trinidad a quien adoro es todo un programa de vida.

Con admiración, alegría y confianza

La oración de Isabel es esencialmente optimista, flota en un clima de admiración, alegría y confianza. Se manifiesta ante todo por esa minúscula interjección, «oh», que marca todo el texto. Ocho veces utiliza esta palabra para expresar su asombro, su pobreza ante tamaña riqueza... *Oh Dios mío... Oh mi Dios inmutable... Oh mi Cristo amado... Oh Verbo eterno... Oh mi Astro querido... Oh Fuego devorador... Oh Padre... Oh mis Tres...*

Una carmelita me dijo un día: «Cuando digo la oración de Isabel, me paro largo rato en la primera palabra, este "oh" que lo engloba todo. ¡Con eso me basta! No me dan ganas de continuar».

Pero hay que hacerlo para descubrir los motivos de su alegría y de su confianza. Ella sabe que, *inmóvil y serena*, va a establecerse en Él *como si mi alma estuviera ya en la eternidad*. Sabe que *cada momento* va a adentrarla *más en la profundidad* del misterio. Sabe que el Padre, el Hijo y el Espíritu Santo van a hacer en ella su *morada*. ¡Esto es lo que se le propone! ¡Para ello existe y para ello ha entrado en el Carmelo! Exulta ante esta manifestación del amor de Dios por ella. Está *por entero allí contigo, completamente alerta en mi fe, en total adoración y del todo entregada a tu acción creadora*.

Luego expresa los deseos de su corazón, pero con una confianza infinita. Lo que pide, Dios se lo va a dar: lo sabe, ¡está segura! Va a *sumergirla en Él, invadirla, y su vida no será más que un resplandor de su Vida*... Él vendrá a ella como *Adorador, como Reparador y como Salvador*. Ella lo aprenderá todo del Verbo eterno, palabra de su Dios. Fascinada, ya no saldrá de su *resplandor*. Él producirá en ella *una especie de encarnación del Verbo*. El Padre se inclina sobre ella y ella se siente colmada, sin saber qué más pedir. Entonces se abandona y se entrega para sepultarse en Él mientras espera contemplarlo en un eterno cara a cara.

Ésta es la oración de Isabel. Ella reza, pero sabe que ya ha sido escuchada. Todo lo que pide ya se le ha concedido. Jesús lo había prometido: «Todo cuanto pidáis en la oración, creed que ya lo habéis recibido y lo obtendréis» (Mc 11, 24).

Embargada por una generosidad total

¡Dios la invade! Cada persona divina le da lo que pide, pero hay que cumplir ciertas condiciones y hacer ciertos esfuerzos... Debe *olvidarse totalmente de sí*, estar *completamente alerta en su fe, en total adoración y del todo entregada*. Tiene que convertirse en *esposa de Jesús, cubrirlo de gloria* y *amarlo hasta morir*. Quiere pasar su vida *escuchándolo*, quiere ser para Él *una humanidad adicional* y se entrega a Él *como víctima*.

Toda la oración está invadida de este dinamismo del amor. Al don de sí mismo que Dios le hace, Isabel responde con el suyo propio en las cosas concretas de la vida cotidiana. Hay una reciprocidad formidable entre el amor de Dios por ella y el amor de ella por Él. Este amor recíproco es el que aparta todos los obstáculos y hace salir a Isabel de los estrechos límites de su persona para transformarse en Jesucristo.

Todo es posible porque ama y se siente amada. Por amor, hace todo lo que se le pide.

Isabel ama mucho la idea de «totalidad», que expresa muy bien lo absoluto de su deseo, y la emplea diez veces en su oración. Quiere estar toda entera, en total adoración, completamente entregada y dócil a su enseñanza, etc.

Para Isabel no hay medias tintas. *Ayúdame a olvidarme totalmente de mí*, pide en la primera frase. Ya no quiere conocerse; ya no le interesa lo que se refiere a ella; ya no se mira. Está completamente volcada en su Dios, el único que tiene importancia para ella a partir de ahora. Se instala en Él *inmóvil y serena*. Nada la atrae ni la turba. Se olvida de todo para ocuparse sólo de Dios. Y no lo dice, lo vive. Ya no siente nada, no quiere nada, está ahí, completamente olvidada de sí misma, delante de Dios por entero, para Él, en Él y por Él. Ya está en la eternidad. Ha descubierto lo esencial, lo absoluto, el todo que no soporta comparación, lo único necesario: Dios, la vida en Dios, la vida con Dios. Es el fin último de su existencia. Para ella no es momento de pensar en otra cosa. Al todo, expresión de su generosidad, añade la nada que la completa: *Que nada pueda turbar mi paz.*

Sin embargo, hay en su oración un deseo que no expresa pero que la invadirá en el momento de su agonía: *Sueño con ser transformada en Jesús crucificado, y esto me da mucha fortaleza en la oración* (L 324).

En un clima de alegría, de admiración y de confianza, la oración de Isabel nos arrastra hacia una total generosidad, nos lleva a olvidarnos de nosotros para adherirnos a Aquel que es nuestro todo, nuestro único todo. Y llegamos al término del viaje, a esa unión, a esa comunión con el Padre, el Hijo y el Espíritu Santo: *Oh mis Tres, mi Todo... Me entrego a ti como víctima.*

Sepúltate en mí para que yo me sepulte en ti

¡Misterio, gran misterio! ¿Qué pueden querer decir estas palabras? ¿Qué realidad evocan? Una realidad que sobrepasa lo que nuestra inteligencia pueda decir, lo que nuestra sensibilidad pueda sentir y lo que nuestra voluntad pueda querer vivir. Se trata de una realidad que sólo la fe puede aprehender, la esperanza desear, la caridad vivir... Isabel sabe que es posible. Lo pide con todo el corazón, y nosotros también... Ésta es la última palabra de nuestra vida, el fin último de nuestra existencia. Que Dios se pierda en mí para que yo me pierda en Él... Es una locura, pero ya lo sabíamos. Es la «locura de la predicación», como afirma san Pablo. E insiste: «Estamos locos a causa de Cristo». Contra viento y marea, a pesar de todo y de todos, seguimos creyendo que estamos llamados a esto, seguimos creyendo que Dios nos ama tanto que quiere agarrarnos y transformarnos, hacer que vivamos su vida... Es algo que ya ha comenzado, pero un día más o menos próximo lo viviremos totalmente. Lo que descubrimos en la penumbra de la fe, lo que esperamos por encima de las apariencias, lo que vivimos hoy de la vida de Dios, lo contemplaremos y gozaremos en la plenitud de su luz, perdidos en el abismo de su grandeza. Pero no es para disfrutarlo de modo egoísta, sino para gloria de Dios y para la salvación del mundo. No nos paremos por el camino. Hagamos hasta el final lo que se nos propone...

Volvamos a leer esta oración. Dejemos que el Espíritu Santo diga suavemente en nosotros esas palabras que nos sobrepasan pero nos iluminan y estimulan. Pidámosle a Isabel, al término de estos 15 días que hemos pasado con ella, que nos ayude a vivirlas con ella y como ella. Que su oración *Oh Dios mío, Trinidad a quien adoro* sea expresión de nuestra vida de ahora en adelante. Que nuestra vida de cada día sea reflejo de su oración.

PARA SABER MÁS

1. Escritos

- *Obras completas*, EDE, Madrid 1986, 976 págs. (edición, introducción y anotaciones de Conrad de Meester, traducción de la edición crítica francesa).

- *Obras completas*, Monte Carmelo, Burgos 2004^{6}, 1.030 págs. (introducción y notas de A. Aparicio, traducción de Manuel Ordóñez).

- *Obras selectas*, BAC, Madrid 2000, 280 págs. (introducción, traducción y notas de E. Llamas. Contiene: diario, notas íntimas, tratados espirituales).

- *Pensamientos*, EDE, Madrid 2006^{2}, 256 págs.

- MARTÍNEZ-BLAT, V., *Sor Isabel de la Trinidad. Biografía, escritos selectos, diccionario de espiritualidad*, Edibesa, Madrid 2006, 474 págs.

– MEESTER, C. DE, *Las páginas más bellas de sor Isabel*, Monte Carmelo, Burgos 2004, 317 págs.

– MEESTER, C. DE, *De ejercicios con sor Isabel*, Monte Carmelo, Burgos 2000[3], 177 págs.

2. Biografías

– GERMANA DE JESÚS, *Isabel de la Trinidad. Recuerdos*, EDE, Madrid 1985[3], 408 págs.

– GIL DE MURO. E. T., *A través de todas las noches. Conversaciones con sor Isabel de la Trinidad*, Monte Carmelo, Burgos 2005, 206 págs.

– HIDALGO LÓPEZ, O., *Isabel de la Trinidad y la misión redentorista*, El Perpetuo Socorro, Madrid 2006, 72 págs.

– MEESTER, C. DE, *Sor Isabel de la Trinidad. Una joven santa para nuestro tiempo*, Monte Carmelo, Burgos 2005, 118 págs.

– MEESTER, C. DE, *Tu presencia es mi alegría*, EDE, Madrid 1986, 104 págs. (biografía breve).

– Sesé, B., *Vida de Isabel de la Trinidad*, San Pablo, Madrid 1994, 207 págs.

3. Introducciones y estudios

– Cuartas Londoño, R. - Sancho Fermín, F. J., *100 fichas sobre sor Isabel de la Trinidad*, Monte Carmelo, Burgos 2006, 252 págs.

– Eymar, C., *Elisabeth de la Trinidad. Un cántico del silencio*, EDE, Madrid 2006, 336 págs.

– García, C., *Sor Isabel de la Trinidad: experiencia de Dios en su vida y escritos*, Monte Carmelo, Burgos 2006, 486 págs.

– Lafrance, J., *Aprender a orar con Isabel de la Trinidad*, EDE, Madrid 2004³, 192 págs.

– Meester, C. de, *Pensamiento y mensaje de sor Isabel de la Trinidad*, Monte Carmelo, Burgos 1994³, 170 págs.

– Philipon, M. M., *En presencia de Dios: Isabel de la Trinidad,* Balmes, Barcelona 1999², 224 págs.

– RÉMY, J., *Isabel de la Trinidad y la oración. Comentario a la oración de la beata Isabel de la Trinidad*, Sal Terrae, Santander 2005, 185 págs.

– SANCHO FERMÍN, F. J., *El cielo en la fe. El secreto de Isabel de la Trinidad*, DDB, Bilbao 2006, 136 págs.

– SICARI, A. M., *Isabel de la Trinidad: una existencia teológica*, EDE, Madrid 2006, 288 págs.

– VANDEUR, E., *Elevaciones*, EDE, Madrid 2002[3], 200 págs. (comentario a la oración «¡Oh, Dios mío, Trinidad a quien adoro!»).

ÍNDICE

Colección *"15 días con"*

1. *Teresa de Jesús*, J. Abiven
2. *Josemaría Escrivá*, G. Derville
3. *Ignacio de Loyola*, F. Bécheau
4. *Edith Stein*, M. Dupuis
5. *El Hermano Rafael*, R. Palmero Ramos
6. *Clara de Asís*, M.-F. Becker
7. *Julio Chevalier*, A. Mayor
8. *Madre Teresa*, F. Follo
9. *D. Manuel González*, R. Palmero Ramos
10. *Teresa de Lisieux*, C. Tonnelier
11. *Francisco de Borja*, M. Ruiz Jurado
12. *José de Calasanz*, M. A. Asiain
13. *El Padre Pío*, J.-D. Dubois
14. *Juan XXIII*, R. Etchegaray
15. *Silvano del Monte Athos*, M. Egger
16. *Ramón Llull*, G. Pons
17. *Carlos de Foucauld*, M. Lafon
18. *La Madre Maravillas*, R. Palmero Ramos
19. *Francisco Javier*, F. Bécheau
20. *Juan Pablo II*, F. Follo
21. *Domingo de Guzmán*, A. Quilici
22. *Juan de Ávila*, J. Esquerda Bifet
23. *El padre Alberione*, E. Sgarbossa
24. *Isabel de la Trinidad*, J. Rémy